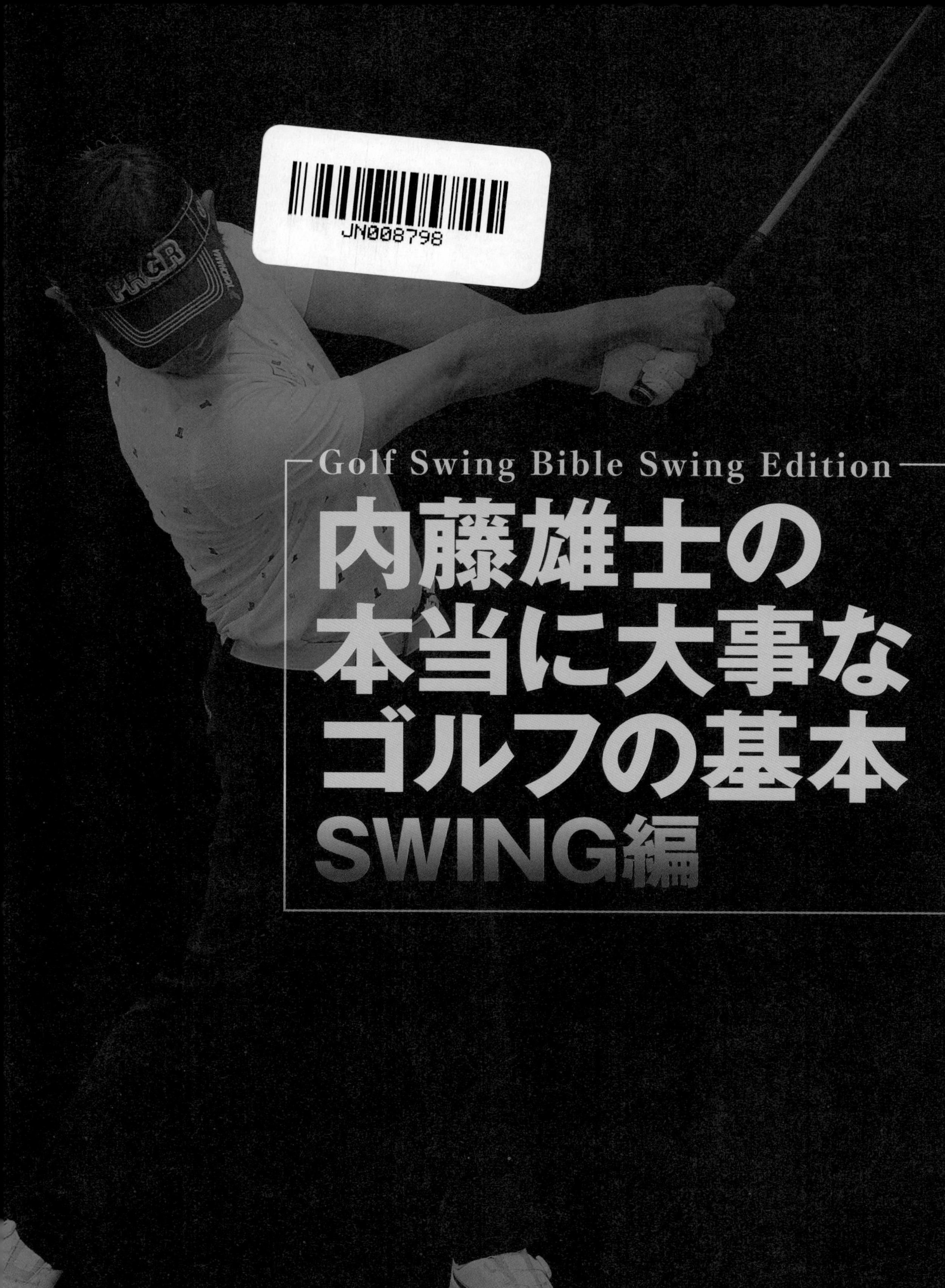

Golf Swing Bible Swing Edition

内藤雄士の本当に大事なゴルフの基本 SWING編

河出書房新社

Golf
Swing Bible
Swing Edition

内藤雄士の本当に大事なゴルフの基本 SWING編

CONTENTS

Chapter 3 アドレスのポイントは「骨格」のポジショニング

Chapter 4 スイングは「こうする」ではなく「こうなる」が正解

第1章

CHAPTER 1

ゴルフスイングの特性と核心を知ろう!

ゴルフスイングについては、さまざま理論が出回っていますが、実際のところ枝葉の部分が少し変わっているだけ。

スイング理論の核心となる部分はほとんど変わっておらず、極めてシンプルです。

核心とは基本のこと。身につけるのにさほど時間はかかりませんし、難しくもありません。核心さえしっかり見極めれば、誰でも必ずいいスイングになります。

スイング

ゴルフスイングの特性

前傾して止まったボールを正確かつ遠くに飛ばすには、軸の安定が不可欠

ゴルフでは止まったボールを遠くに、正確に飛ばさなければなりません。１００パーセントのエネルギーを自分とクラブが生み出さねばならないのに加え、自分から能動的に動かなければならないむずかしさがあります。

野球やテニスなどは動いているボールを打つむずかしさはありますが、ボールの動的エネルギーを利用できるうえ、飛んでくるボールに対するリアクションがメインの運動なので、ボールに当てやすい一面があります。

また、ゴルフは地面にあるボールを打つので、前傾姿勢をとってスイングしなければなりません。

そこで必ず話題に上るのが「軸」の存在ですが、スイングは意識する、しないにかかわらず体重移動が発生する複雑な運動なので、コマや振り子のように、終始不動の軸や支点があるわけではありません。

とはいえ、スイングが回転する運動である以上、回転の中心としての軸は存在します。それはだいたい、**のどから胸にかけての体の前側。**

この部分を中心に、前傾角度なりにスムーズに回転することが重要になります。

軸の部分は、厚みがある胴体に腕やクラブなどの重量物が付属している、総体としての「人間の体」がスムーズに回転する際の重心位置だと考えてください。ゴルフの場合、前傾して回転するので、これが体の前側にくるわけです。

地面にある止まったボールを正確に打つためには、この軸が前後左右にブレないことが非常に重要です。

野球のように、ボールの打点がストライクゾーン内の数十センチもの幅にあれば、軸を傾けたり動かしたりしてそれに対処する必要がありますが、ゴルフはそうではありません。

せっかくボールが止まっているのですから、わざわざ自分が動いて打ちにいく必要はなく、軸を安定させてスムーズに回転し、再現性を高めることが重要なのです。

地面にある球を打つむずかしさ

前傾姿勢を維持してスイングしなければ地面の球は打てない

ここだけは必ず CHECK

のどから胸骨付近の軸に沿って回転する

スイング軸は胸の前。止まっているボールを打つからこそ軸の安定が重要

前傾したときの胸の前に軸をイメージし、そこを中心に回転する。再現性の高いスイングをするためには、この軸が傾いたりズレたりしないことが重要

Swing Bible
スイング

ゴルフクラブとスイング

クラブシャフトの軸線から外れたところでボールを打つのがゴルフ

スイングではクラブ自体の遠心力に加え、シャフト軸を中心にヘッド部分が回転（フェースが開閉）することで大きなエネルギーが生まれる

ゴルフのスイングには、道具を使ったほかの球技にはないめずらしい特性があります。それは、**シャフトの軸線上に芯がない道具でボールを打つ**という点です。

テニスや卓球のラケットでは、手で握っているグリップ部分もボールをヒットするべき芯も、ラケットの中心線上にありますが、ゴルフクラブは、クラブヘッドがシャフトの中心軸から横に突き出た形状なので、ボールをヒットすべき芯がシャフトの軸線上にありません。球技でこのタイプの道具は、ホッケーのスティックくらいしか類例がありません。

フェース面にボールを上に上げるための角度（ロフト）がついている点も併せて非常に独特です。

スイングをする際には、クラブ自体の遠心力に加え、シャフト軸を中心にヘッド部分が回転（フェースが開閉）することで大きなエネルギーを生み出せるため、ボールを遠くに飛ばしたり、左右に曲げることもできます。

しかし、同時に「球を真っすぐ飛ばしにくい（曲がりやすい）」という面もあり、これがゴルフをむずかしく感じさせる一因となっています。

クラブの機能を生かすために、スイングでは単なる棒を振るのとは違った、フェースのローテーションが求められます。

ゴルフスイングを理解するうえで、非常に重要なポイントであるということを忘れないでください。

テニスのラケットはボールを打つ芯がグリップの軸の延長線上にある

テニスや卓球のラケットの場合、手で握るグリップ部分の延長線上にボールをヒットするべき芯がある。双方が道具の中心線上にあるためボールを打ち返しやすい

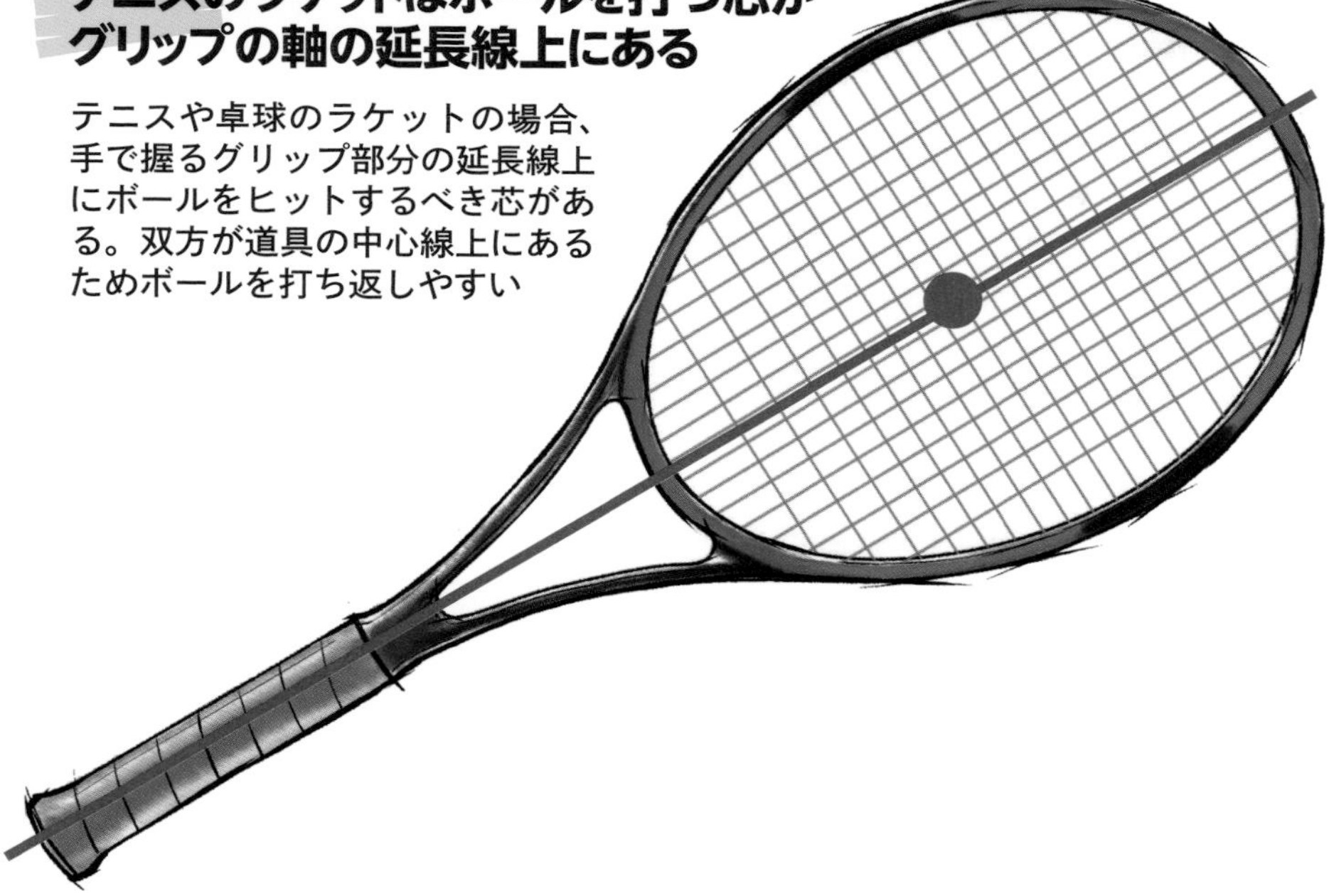

ここだけは必ず CHECK

ゴルフクラブはシャフトの軸線から外れたところに芯があることを意識する

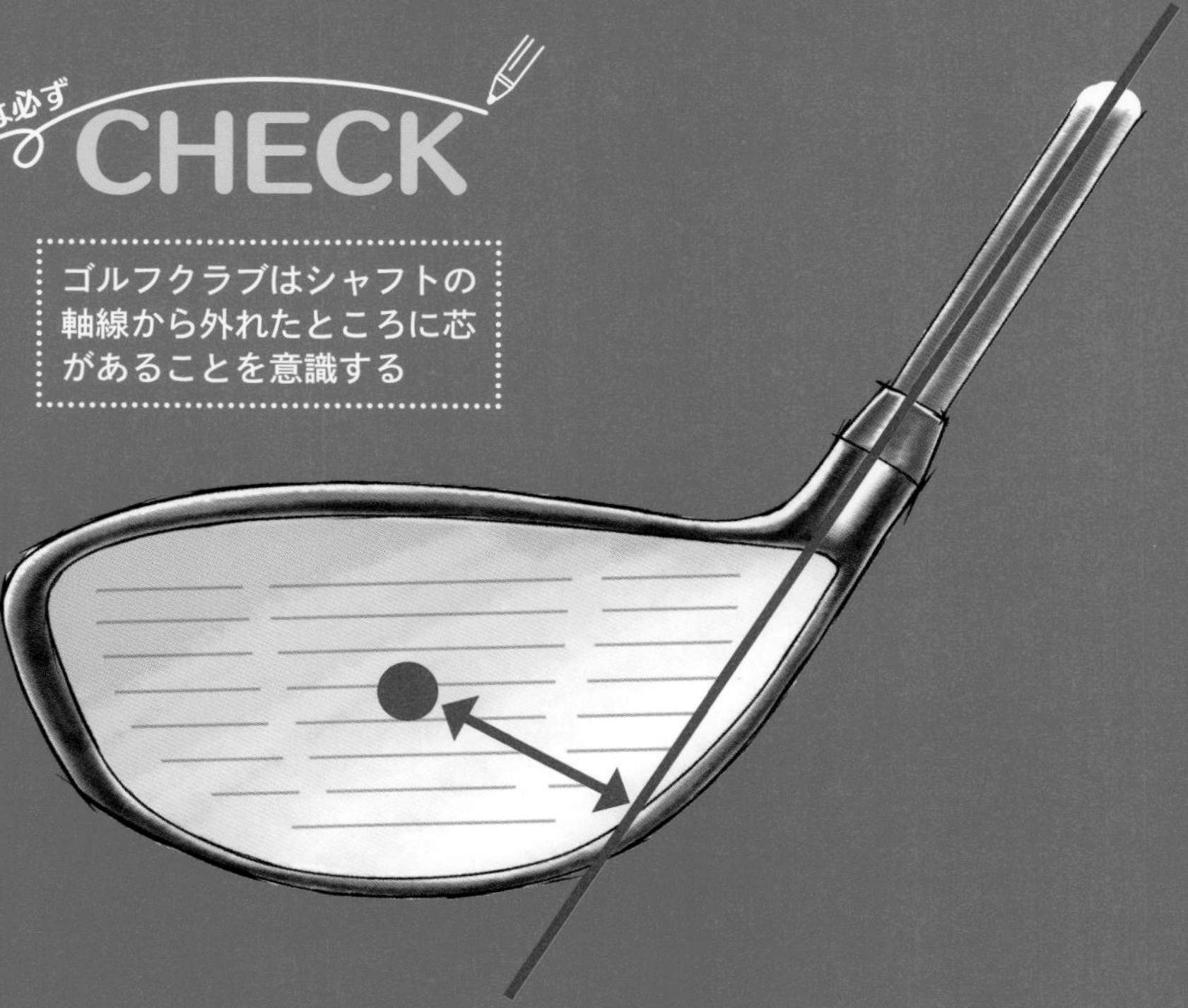

スイング

感覚に再現性はない
感覚を極力排除した「マシーン」になることを目指そう

スイングの習得を目指すうえで大事なのが、**極力「感覚」に頼らないこと**です。

とかくゴルファーは自分のフィーリングを必要以上に大事にしがち。誤解を恐れずに言うならば、その感覚のほとんどは〝日替わり〟で不正確です。いつも同じ感覚でスイングしているつもりでも、実際にはその日の体調やメンタル、外界からの影響によって大きく変化します。誰しも調子がいい日、悪い日があると思いますが、バラツキが出ること自体が感覚部分の不確定さを物語っています。

たとえば、ストップウォッチを使い、目をつぶって頭の中で10秒をカウントしてみてください。ジャスト10秒を狙ってコンマ1秒以下の誤差で止めるのは容易ではあり

感覚に頼ったスイングはアジャストが必要になる。何も考えずに体が反応して動いたときにグッドスイングになる。これがすべてのゴルファーにとってベストであり、ジャストフィットのスイングだ

ませんし、10回やってみれば最速と最遅で1秒以上のブレ幅が出ることもめずらしくないはずです。

これほど曖昧で不安定な感覚などというもので、正確で再現性の高いゴルフスイングをコントロールすることなど、できないと思ってください。

感覚に頼れば頼るほど、スイングの不確定要素は増え、それをアジャストするためにスイングに余計な動作が必要になります。これはとりもなおさずミスの確率が増えることを意味します。

目指すべきは感覚を排除し、体に染みついた無意識の技術でスイングすることです。

無意識の技術とは、自分の名前をサインするときのような何も考えずにできる動作。普段サインをするときは、書き順や止め跳ねなどを意識しませんよね。しかし、「ちょっとカッコよく書こう」などと思って感覚を差し挟んだときに限って、書き損じるもの。

ゴルフスイングもこれと同じです。何も考えず、体が反応して振ったときにグッドスイングになることを目指すのです。

スイングにおいて感覚は想像以上に曖昧で不安定なもの

Swing Bible
スイング

スイングの核

骨格のポジショニングがスイングの核になる

私が後進のインストラクターを指導する際には、**「ゴルフスイングは肉で見ないで骨で見なさい」**と話します。レントゲンの撮影映像を見るように、骨の動きに着目してスイングを見るということです。なぜかといえば、スイング理論とは人間の骨格がどう動けば合理的であるかを具体的に説明したものといえるからです。

関節がある以上、骨は動ける方向にしか動きません。ですから、どのような動きが骨格にとってバランスのよい動きなのかを知ることが大事。

たとえば、アマチュアの方のアドレスを見て、骨格のバランスがこう崩れているからバックスイングでこうなりますと説明し、骨のポジションのズレを修正すると力みがなくなり、スイングがすぐに正しくなることがあるのです。

骨格のバランスが整うと、理想的なスイングプレーンに沿ってクラブを振れるようになります。肝心なのはこの点なのですが、多くのゴルファーはバックスイングで伸び上がる、ヘッドアップする、などといった目先の現象をなくすことに腐心しています。対症療法で一時的に解消しても、骨格のポジショニングが解消されなければ元に戻ってしまいます。

あるスポーツトレーナーの方によれば、人間の骨格はまったく進化していないため、トレーニング理論もそれほど進化していないそうです。

これを聞いて、ゴルフスイングにもあてはまるなと思いました。日本人は昔よりも平均身長が伸び、体型も欧米型に近づいている傾向にあるといわれますが、見た目の変化はどうあれ、骨格は昔もいまも同じです。

また、背が高い低い、がっしり体型や痩せ型など、体格や体型、体の柔軟性も百人百様ですが、レントゲン写真を見れば、骨格はみんな同じです。スイングの核となる骨格が同じである以上、正しいスイングを構築するための根本的な理論も同じでなければいけないのです。

ここだけは必ず CHECK

スイングを骨格で考えれば
自然な体の動きがわかる

それぞれのクラブの性質を理解した上で、昔からずっと変わっていないスイング論の核心の部分にしっかりと目を向けよう

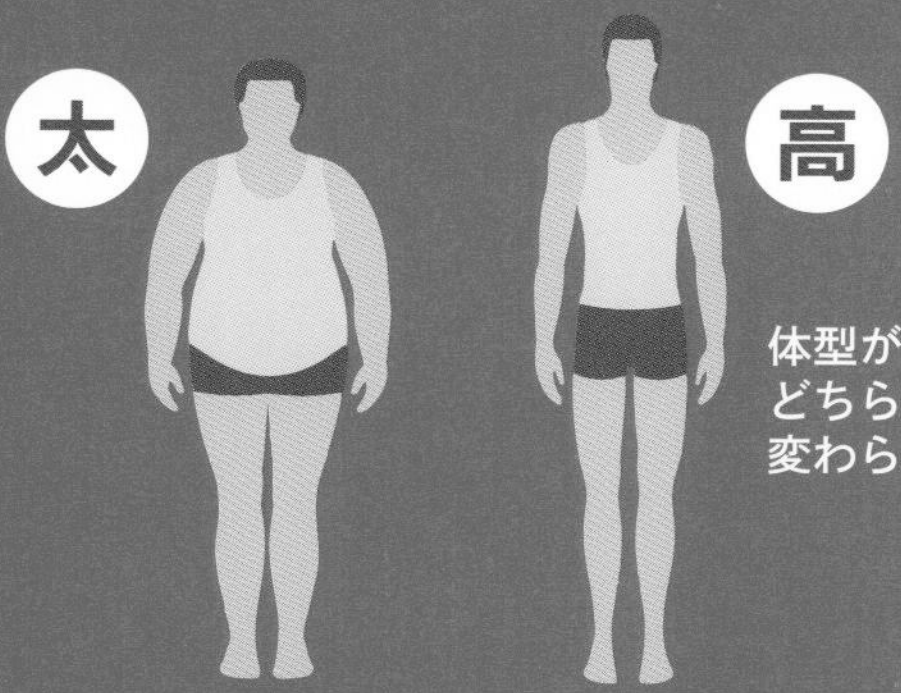

体型が違っても
どちらも骨格は
変わらない

プロゴルファーは調子が悪くなると、まず骨格のポジショニングのずれをチェックする。スイングの修正が早いのはそのためだ

スイング

「コツ」に真実はない
どんなにうまくなっても基礎練習は続けなければならない

感覚を排除してマシーンとなるためにも、動作の違和感をなくしていくためにも、**絶対的に必要なものは基礎的な動作の反復練習にほかなりません。**

巷のゴルフのレッスンや指導書などには、上達のための「コツ」があふれていて、そのコツさえつかめばゴルフが劇的に上達するという風潮があります。

しかし実際は、残念ながらそんなに簡単なものではありません。

ゴルファーの実体験として、コツをつかんだことで急に飛距離が伸びたとか、スライスが直ったというような経験をしたことがある人は多いでしょう。

たしかに、いままでフェースローテーションがうまくできずにスライスばかり打っていた人が「思い切ってフェースを返せ」と教われば、それによって球がつかまるようになるかもしれません。

しかし、そこにあるのは「フェースを返す」という感覚的な動作だけで、スイング中にフェースがどのように動くべきかという正しい認識は存在しません。

そのため、何ラウンドかするうちにフェースを返す感覚にズレが出てきて、返しているつもりでもローテーション量が足りなくなってまたスライスに戻ってしまったり、反対にフェースを返す動きが極端になって引っかけしか出なくなるかもしれません。

こういった「コツ」の中には正しい動きは存在せず、つねに「いまよりも○○な感覚で」という経験則的な修正でしかないのです。

大事なのは、正しい動作を地道に繰り返して体に染み込ませること。1スイングごとに動きや形を意識し、それを繰り返すことです。

その反復の結果はじめて、正しいフェースローテーション量でスイングできるようになるのです。

そして、**基礎の反復練習は、「身について終わり」ではありません。**

基本動作の精度は、日々損なわれ、ズレが生じ続けていくものです。

スイングの習得には基本動作のズレを日々修正し続けることが不可欠

片手打ちなどの基礎的な反復練習は、
上達の絶対条件となる

それをつねに修正し、正しい状態を維持するために、継続的な基礎練習が必要だということを忘れないでください。

スイング

体重移動の誤解

荷重の移動はあっても左右のスライドはない

ゴルフスイングを語る際にたいへんやっかいなキーワードのひとつに「体重移動」があります。

体重移動という言葉の定義もむずかしいですが、スイング中の右、左への荷重の変化はたしかに起こっています。

しかし、それによってスイング軸をシフトしたり、スライドさせるような動きがあるかといえば、基本的にはNOです（ティアップしているドライバーに限って、例外的にシフトさせる場合もあります）。

スイングという回転の中で、大きなエネルギーを生み出しつつ再現性の高いインパクトを迎えるためには、前述のように軸が安定していることが絶対

体を揺さぶると軸がブレてしまう

スイングでは体を揺さぶることはない

条件です。

しかしゴルフスイングでは、体の回転に伴って腕やクラブなどの重量物が胸の前の軸を中心に左右に移動するため、その場に真っすぐ立っている感覚ではバランスを崩して軸が傾きやすいのです。

それを防ぐために、多くの場合、下半身で腕やクラブを支えたり引っ張り合ったりしてバランスを取ろうとします。人によってはそれを「意識的に体重移動をしている」と表現するのです。

ですが、目的はあくまで軸を安定させることであり、結果として体重移動をしているような感覚が生じることはあっても、体を揺さぶってパワーを生むような動作はあり得ません。

重要なのは、「どういう感覚か」ではなく、「どうなっているか」。そこをベースに考えることを忘れないでください。

ここだけは必ず CHECK

体重移動をしている感覚はあっても、許容範囲を超えてはいけない

Swing Bible

スイング

タメとリリース

「貯蓄」と「解放」を効率よく行ってヘッドを最大限に加速させる

ゴルフスイングは、再現性の高い動きであることが絶対的な条件ですが、実際にはそれに加えてインパクトで大きなエネルギーを生み出すことが求められます。

インパクトのエネルギーを高めることは、飛距離を出すためにも、アイアンショットでボールに強いスピンをかけてグリーンにボールを止めるためにも必要で、ゴルフのレベルアップのためには不可欠な要因といえます。

ここで重要になってくるのが、クラブの加速。クラブヘッドがしっかり加速しながらインパクトを迎えることです。

最速の状態でインパクトを迎え、しっかりとボールを打ち抜くためには、ダウンスイングでエネルギーを溜め、インパクトに向けて一気に解放する。この「貯蓄（溜め）」と「解放」こそが肝心なのです。

貯蓄とは、簡単にいえば「タメ」、解放とは「リリース」です。

長いシャフトの先についたクラブヘッドのエネルギーをインパクトで最大にするためには、腕力に任せて振り回してもダメ。**ダウンスイングでタメを作り、クラブをギリギリまでリリースせずに下ろしてきて、インパクト直前で一気に解放する。**

この動作を効率よく行うことで、最小の力で最大のエネルギーを生み出せるのです。これこそが飛ばしの秘訣であり、スイングの肝でもあります。

腕力に頼ったスイングでは安定してスピードを出せない

ダウンスイングでタメを作り、クラブをギリギリまでリリースせずに下ろし、インパクト直前で一気に解放する。タメは「貯蓄」、リリースは「解放」。２つを効率よく行うことでヘッドスピードに加えスイングの安定感も手に入る

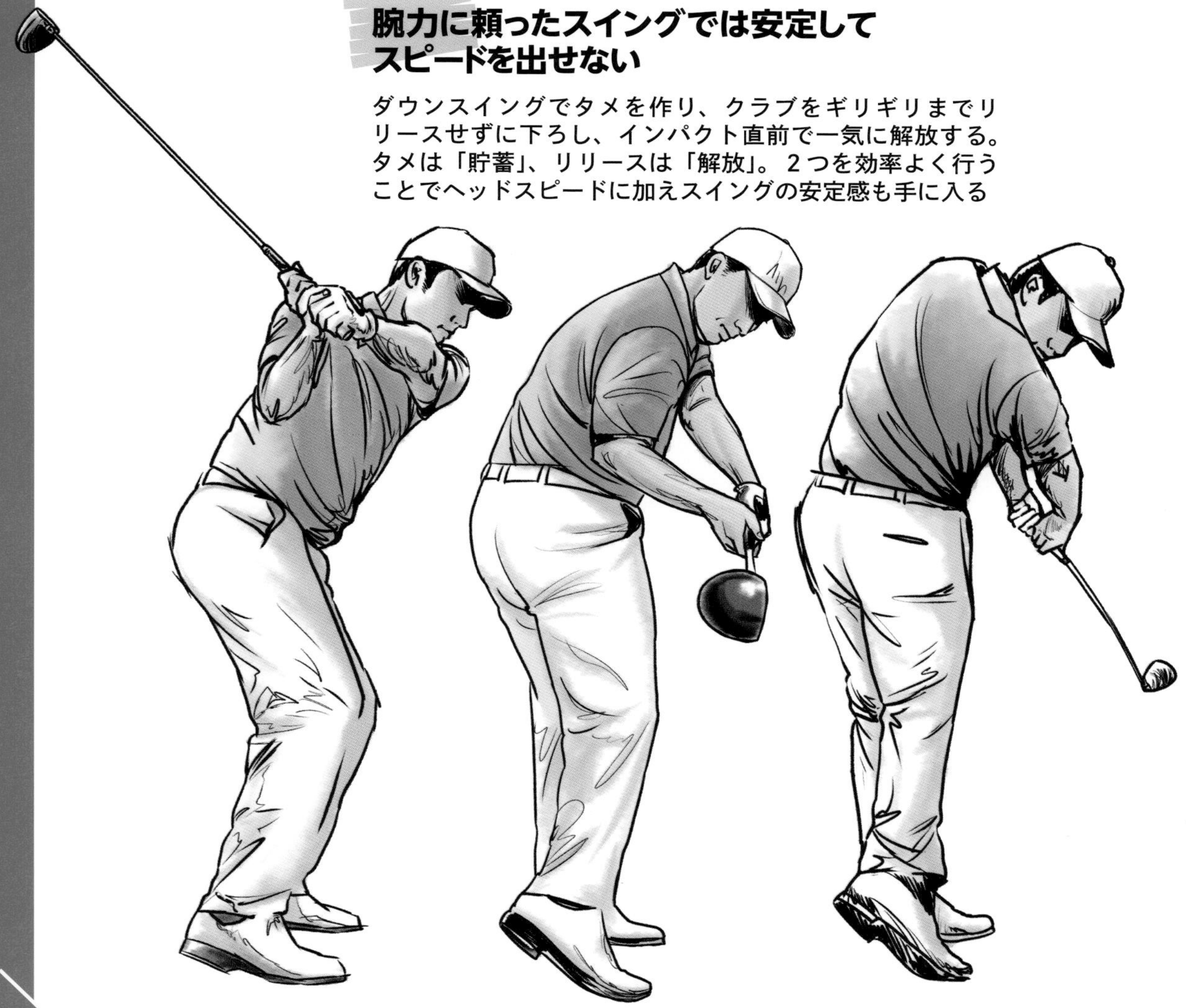

Swing Bible

スイング

上下と左右に分離

スイングは回転運動と上下運動でできている

右半身から始めて左と下半身を足す

右手１本でクラブを持ち、右わき、右ひじのテンションを維持し、右手首の角度を崩さずに回転でスイング

ゴルフスイングは回転運動ですが、そこに上下の動きが加わることで、クラブをスムーズかつパワフルに振ることができます。いい換えれば、**回転運動に縦のフットワークをプラスしたものがゴルフスイングの本質**なのです。

これはスイングの動きを左右と上下に分割し、個別に考えるとわかりやすいと思います。

まず基本となるのは、右利きの人であれば右半身。右手1本でクラブを持ち、下半身を使わずにボールを打ちます。体の右サイド、つまり右わき、右ひじのテンションや右手首の角度を固定し、回転運動でスイングします（写真①）。

これができたら左手を足します。両手でクラブを持って同じことをしますが、左手が右手1本の動きを損なわないようにすることが大事です（写真②）。ここまではシンプルな回転運動です。

次に下半身の動きを足します。①と②の上半身の動きを妨げないように、下半身は右を踏み、左を踏む。これで基本動作は完成です（写真③）。

③の上下運動は、ひざの屈曲と伸展によって行われますが、体全体が上下に動くわけではありません。前傾を維持したまま、足の曲げ伸ばしによって骨盤の回転を促すのがポイントです。

これによって、頭の位置は上下に動

かずにキープされ、軸が安定したままスピーディに回転できます（写真④）。あとはスタンス幅を広げ、動きを大きくするだけです。

②左手を足してスイング

①の動きに左手を足して、両手でスイング。左手を足しても右手の動きが変わらないように注意

③下半身を足してスイング

ひざの曲げ伸ばしによるフットワークをプラスしてスイング。スタンスを広げ、動きを大きくすればフルショットになる

④ひざの伸展で骨盤を回す

ひざの曲げ伸ばしにより骨盤を切り上げることで体の回転を促すが、前傾姿勢は崩さず頭の高さは変わらないことが大事

Swing Bible
スイング

インパクトがすべて
スピンコントロールこそがゴルフの本質だ

究極的にゴルフスイングの目指すものは何かといえば、「狙ったところにボールを止める技術」です。これは、とりもなおさず、プレーヤーがボールに与えるスピンの量と質をコントロールすることにほかなりません。

ゴルフは全体的に見ればたしかに飛べば飛ぶほど有利ですが、1発1発のショットを考えれば、基本的には飛びすぎても、飛ばなすぎてもミスショットになります。カップというターゲットにボールを運ぶ競技である以上、どんなに飛んでも、狙った距離を正確に打てなければ意味がありません。もちろん左右の方向性や曲がりについても同様です。

狙ったところに正確に打つためには、ヘッドスピードの安定に加え、スイング時にヘッドがボールに向かう際の入射角やヘッド軌道（クラブパス）、フェースの向きを安定させ、いつも同じ打点（芯）でボールをとらえることで、ボール初速、打ち出し角、打ち出し方向、そしてバックスピン量を揃えることが必要となります。

さらにはボールのスピン軸の傾きをできるだけ抑えた、いわゆるサイドスピンの少ないスムーズな回転をボールにかけたいのです。

こういった物理現象は、極端にいえばインパクト前後でのクラブの動きにすべて左右されます。「究極のインパクトエリア」でボールをとらえることができれば、その前後はどうでもいいのですが、人間がクラブを振ってボールを打つ以上、そう簡単にはいきません。

インパクト前後の動きを整えるためには、その前段階のダウンスイングがには、その前段階のダウンスイングが理に適っていることが必要であり、よいダウンスイングのためにはよいトップ、よいトップのためにはよいバックスイング、よいアドレスが必要です。

その意味では、スイングのあらゆる要因は、理想的なインパクトを迎える、その瞬間のために存在します。そのことをつねに念頭に置いてスイングを考えるようにしてください。

「どう当てるか」のためのスイング

狙ったところに正確に打つためには再現性の高いインパクトが必要

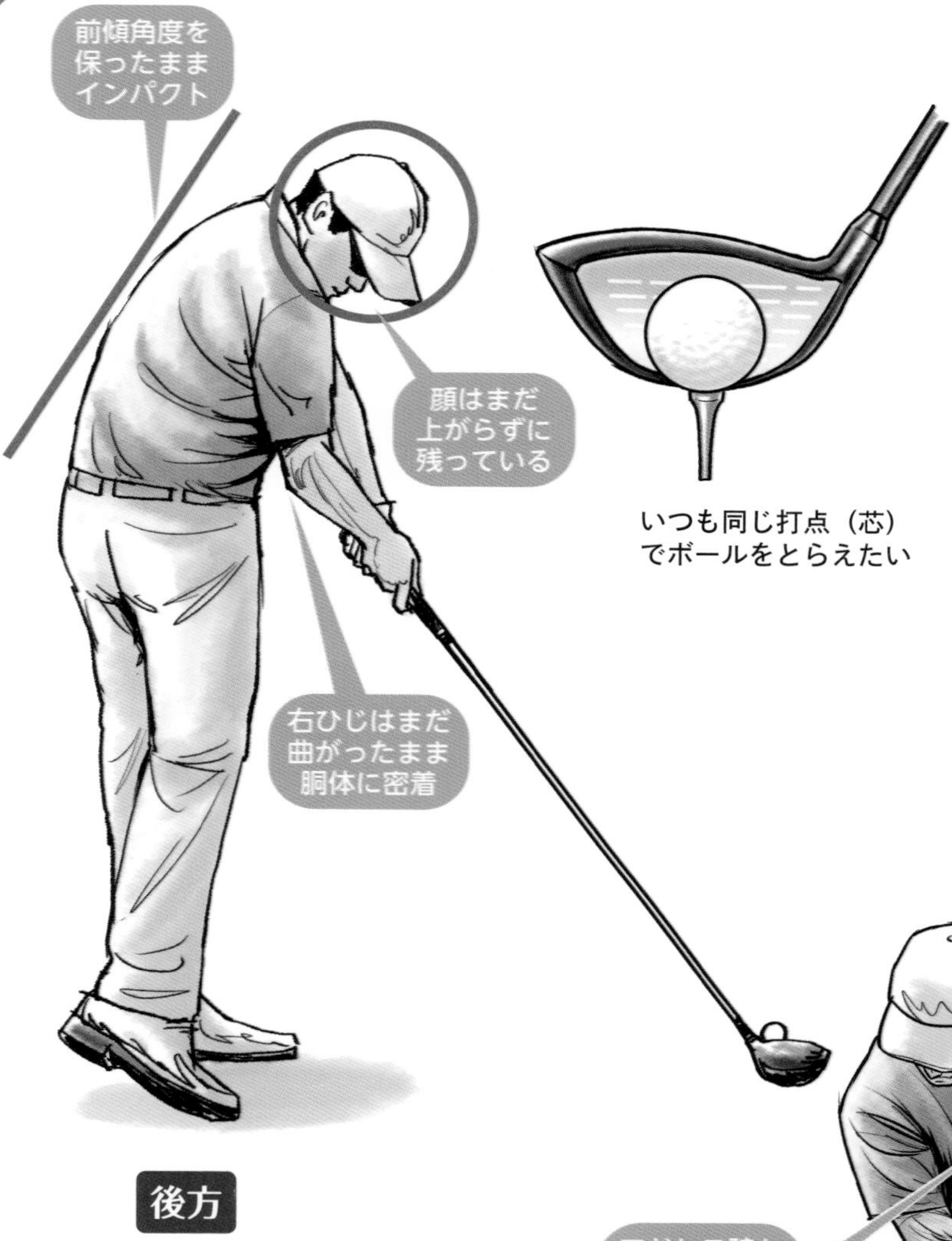

前傾角度を保ったままインパクト
顔はまだ上がらずに残っている
右ひじはまだ曲がったまま胴体に密着
後方

いつも同じ打点（芯）でボールをとらえたい

左肩が縮まらず顔との距離をキープ
アドレス時と軸の状態は同じまま
左肩からクラブヘッドまでが一直線
インパクトで左ひざは伸びている
右脚の蹴りでパワーを出す
正面

ヘッドの入射角や軌道、フェース向きを安定させる

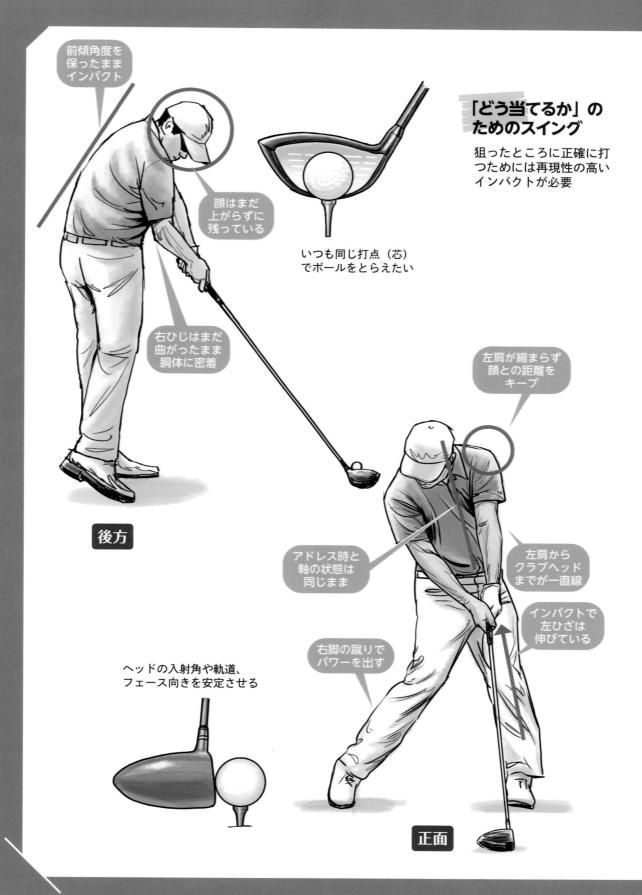

スイング

進化したギア時代のスイング

ねじれのないストレートボールを目指そう

ムダのないよいインパクトは、ねじれのない真っすぐなボールを生みます。やはり目指すべきところは、きれいな順回転のかかった真っすぐなボールであるべきです。

かつて、ゴルフクラブが重くて芯が狭く、真っすぐ飛ばすのがとても困難だった時代は、強めのフックボールをコントロールする技術にも一定の意味がありました。

しかしそれでも、世界を制してナンバー1に長く君臨したようなプレーヤーには、ボールを大きく曲げてプレーする人はほとんどいなかったはずです。ましてや最近はゴルフクラブが著しく進化し、ねじれのない真っすぐな球を打つことがより容易になっています。

この事実を踏まえれば、ボールを曲げてゴルフをすることのメリットは、より少なくなっていると考えられます。

しかし同時に、ゴルフにおいて「真っすぐ」という弾道は許容範囲があまりに狭いことも事実です。

その意味では、ある程度自分の持ち球を考慮したうえで、「限りなく真っすぐに近いドロー」であったり、「限りなく真っすぐに近いフェード」というのが理想的な弾道といえるでしょう。

そこに至る過程として、球が曲がる原理を知り理解するために、球を曲げる練習をすることも必要です。 おそらく100パーセントすべてのゴルファーが、上達の過程で球が曲がって悩むという経験をしており、それを克服することでレベルアップしているはずです。

その過程で得た経験を生かすためにも、**自分なりにある程度の許容範囲を設けつつ、ねじれのないストレートボールを目指すことをおすすめします。**

ボールが曲がる仕組みを知ることが、求める弾道を得るポイントになる

限りなく真っすぐに近いドロー、フェードを目指す

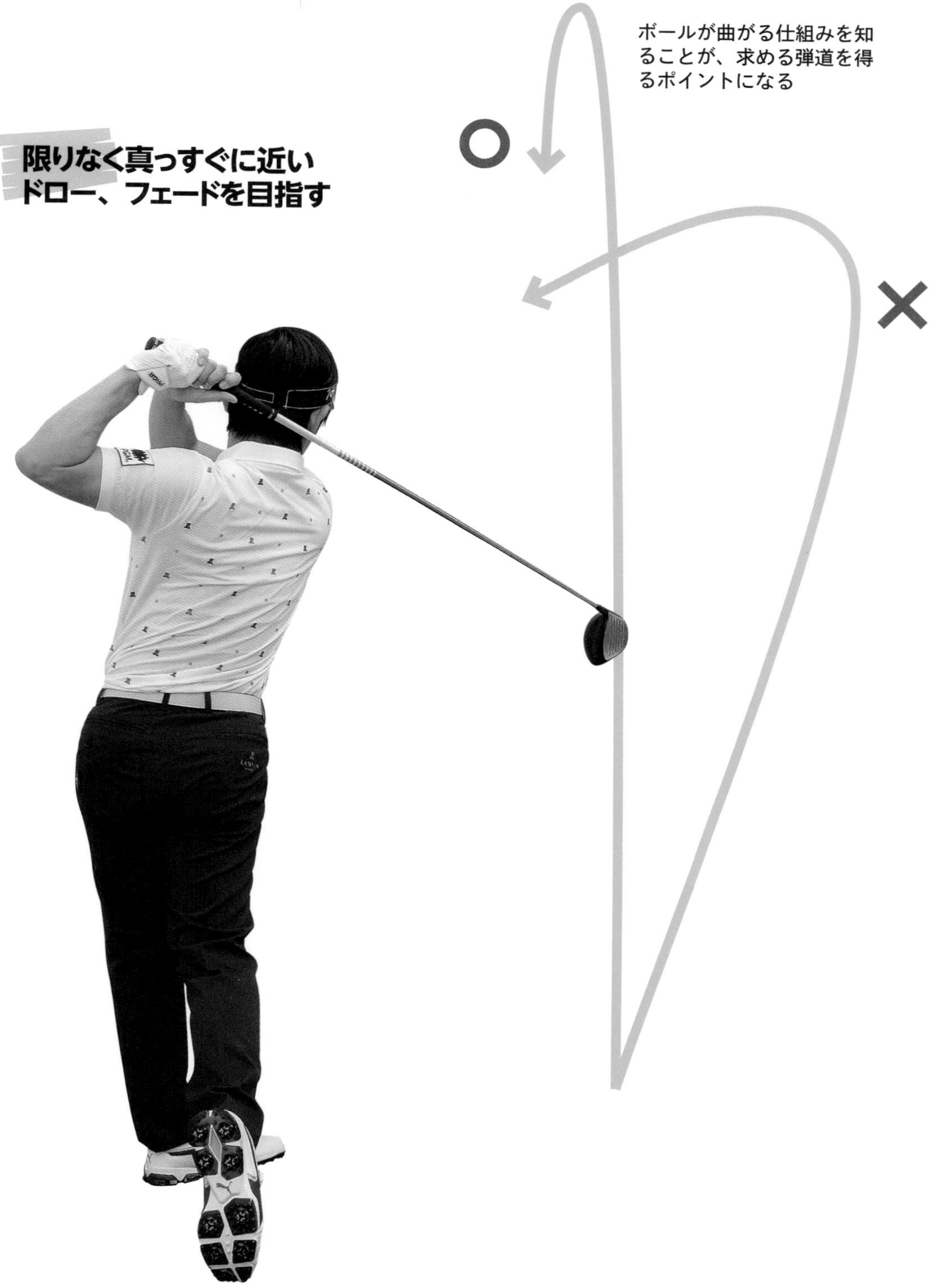

ここだけは必ず CHECK

クラブやボールは、曲がらずに真っすぐ飛ばすことを目的として進化してきた。それに逆らわず、できるだけ真っすぐに近い弾道を目指そう

スイング撮影のポイント ターゲットに対してスクエアに撮影しよう

Column 1

ボール位置でカメラ位置を決めてしまうと体の向きがズレやすい

FrontView（正面）

ターゲットラインに正対してグリップの高さから撮る

カメラはグリップの高さで、ボールと目標を結んだ線に対して直角になる位置から撮影する。体の向きに合わせたり、ボール位置を「スタンスの真ん中」とか「左かかと前」などのように合わせると、アドレスのズレや個性がわからなくなってしまうので注意。できれば被写体から2～2.5メートルくらい離れて撮りたい

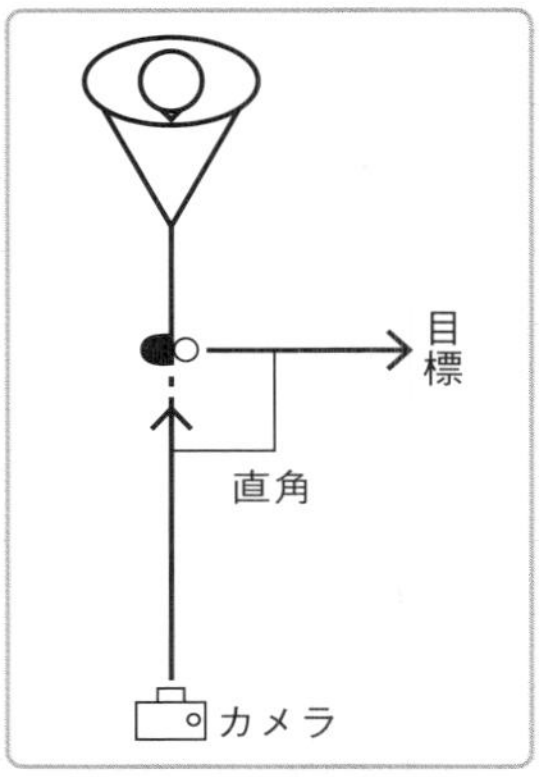

BackView（後方）

グリップのちょっと下が目標と重なるように撮る

カメラはやはりグリップの高さ。通常のショットの場合は、グリップの少し下くらいの部分が150ヤードくらい先の目標と重なるように撮る。ただし、30ヤード前後の短い距離の場合はズレて見えるので、ボールとターゲットが重なるように撮ってもよい。できればやや望遠系のレンズで、被写体から最低2.5メートル以上離れて撮りたい

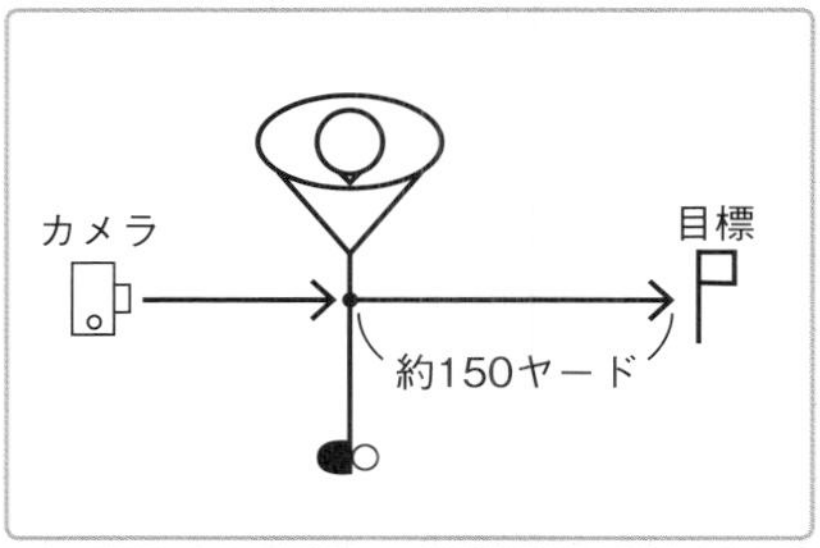

アングルが違うと体の動きもクラブ位置も違って見えてしまう

第2章

CHAPTER 2

スイングの決め手は自分だけのオリジナルグリップ

グリップの主な役割はゴルフクラブのフェース面の管理。クラブと体の唯一の接点ですから、「こうしなさい」と言われて従う性質のものではなく、ゴルファーが自分で決めるものです。この章で紹介するのは、そのためのアドバイス。

打ちたい球筋、ミスへの対応など個々の目的により適性が変わるので、いろいろなグリップを試して自分に合った握り方を見つけましょう。

グリップ

グリップの形

自分の〝骨格〟に合ったグリップを探そう

グリップの具体的な話をする前に、最初にいっておきたいことは「グリップは基本ではない」ということです。「基本」というのが、ゴルファーが100人いたらほぼ全員に共通するポイントだとすれば、グリップは100人に100通りの握り方があります。だからこそ複雑であり、一概に「こう握れ」と決めつけられないのです。

ではその決まった形がない中で、自分に合ったグリップとは何なのか。**グリップの握りは何で決まるのかといえば、「骨格」です。**腕の長さ、関節の向きや柔軟性など、アドレスしたときの関節のポジションに合った握りというのが、その人にとってもっとも自然なグリップなのです。

しかし、実際にどう握るのが自分に合っているかというのは、ある程度の傾向はあるものの、映像などで見ても自分では判断しにくく、そういった知識の豊富なコーチなどにチェックしてもらう必要があります。

実際問題として、**自分に合ったグリップを探すには、いろいろ試して、たくさん球を打つ以外にありません。**1日や2日試してみてよさそうとかしっくりこないとか軽々しく判断してはいけません。新しい握り方は、最初は必ず違和感が伴いますから、正しく握れるまで練習し、握り自体の違和感がなくなるまで球を打ってから判断してください。球数を打っているうちに、球筋や出るミスの傾向などがなんとなくわかってきます。もちろん、練習場だけでなくコースで試すことも重要です。

そのうちに、合わないグリップは「これはダメだ」とわかってくるはず。プレッシャーがかかる場面でミスしたり、イメージと実際の弾道の整合性が取れないからです。そのグリップは合っていないということになるわけです。

どのくらいストロングに握るかといった、程度としてのグリップのバリエーションは非常に多様ですので、これはとてもたいへんな作業ですが、非常に重要なことでもあるので、注意深く取り組んでください。

グリップは基本にあらず。100 人いれば100 通りのグリップがある

自分に最適なグリップは、体格や骨格、関節の向きなどに影響される。はじめは違和感があっても、それが自分に合ったグリップであることも多い

グリップは腕の長さ、
関節の向きや柔軟性
などにより変わる
いろいろな
グリップを試して
みることが大切

グリップ

グリップは出発点
グリップはクラブと体の唯一無二の接点 最初の違和感に負けてはいけない

ゴルフのグリップは特殊な握り方ゆえ、きれいに握るには練習が必要だ

ほとんどのゴルフのレッスン書は、グリップから始まりますすし、本書もその例に漏れません。

それは、クラブという道具を使ってプレーするゴルフという競技において、そのクラブをどう握るかは非常に重要なポイントであるからです。

グリップはクラブと体の唯一無二の接点であり、グリップを正しく握れていなければ、仮に体がどんなに理想的な動きをしたとしても、その動きをクラブに正しく伝えることはできませんし、現実的には、**グリップの握りが悪ければ体がよい動きをすることはありません。**いい方を換えれば、正しいグリップなきところにいいスイングはないといっても過言ではないのです。

しかし、それほど重要なのにもかかわらず、アマチュアゴルファーのほとんどは正しく握れておらず、その結果、いいスイングができていません。なぜなら、ゴルフのグリップは非常に独特な握りを要求するため、何の知識もなしに握ろうとしても正しく握れない、「握りにくい」ものだからです。

ゴルフを始めた最初の段階できちんと意識して正しい形が自然と作れるようになるまで訓練し続けなければ身につきにくく、とても崩れやすい。自分が気持ちいいように、楽をして握るクセがついてしまうと、正しいグリップは身につかないのです。

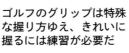

最初は違和感があるが、自分に合っていれば程なく馴染んでくる

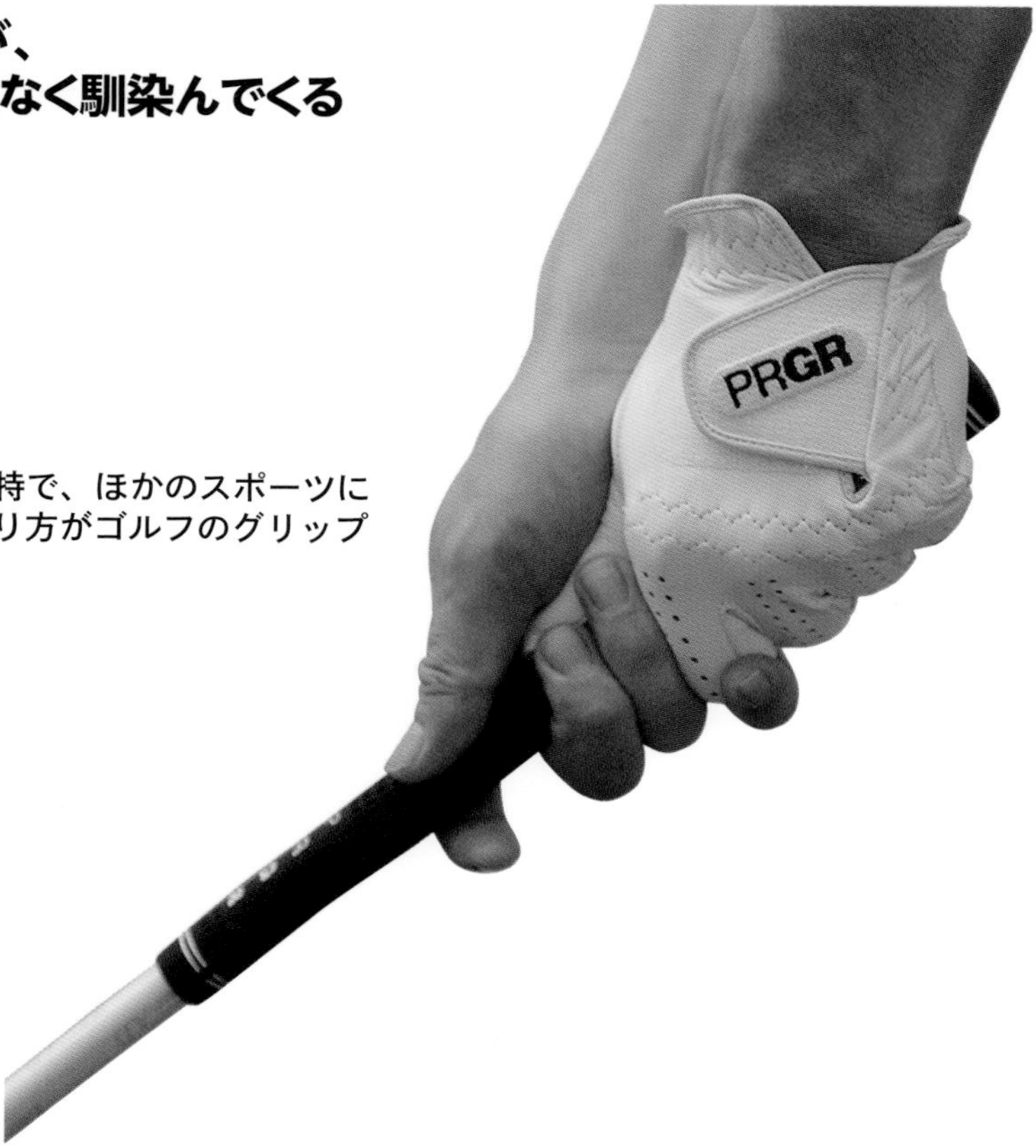

非常に独特で、ほかのスポーツにはない握り方がゴルフのグリップ

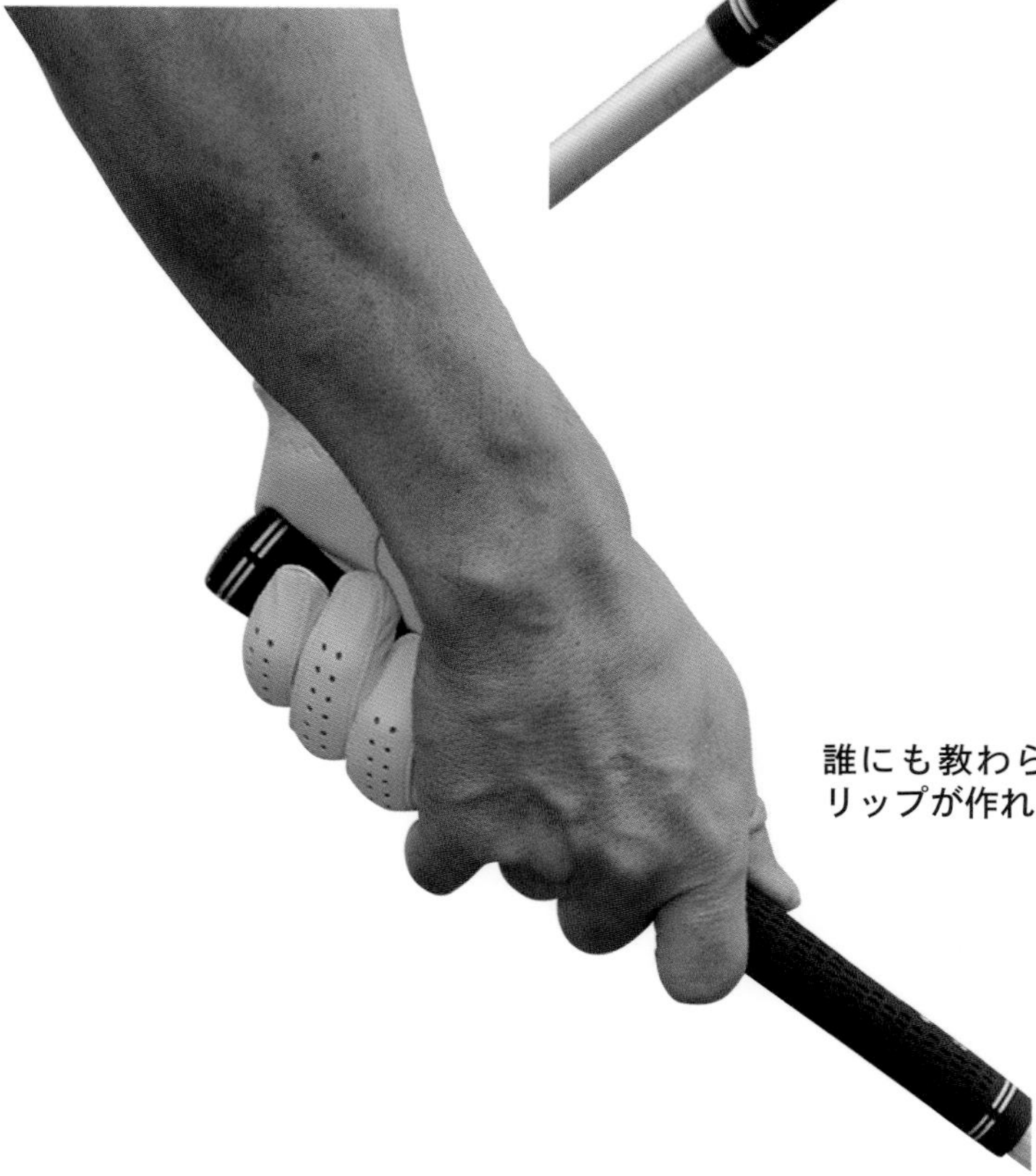

誰にも教わらずに最初から正しいグリップが作れる人は存在しないだろう

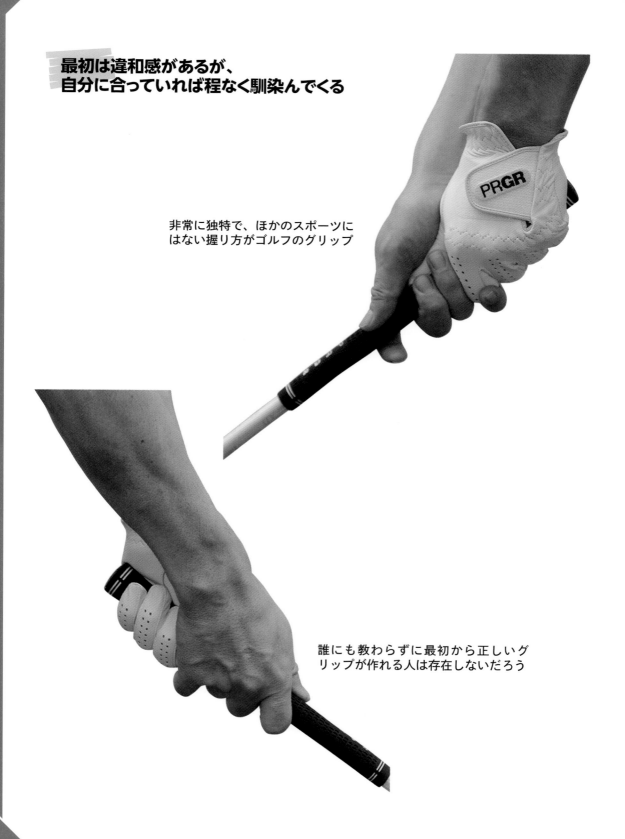

Swing Bible
グリップ

右手の動きを制限

フェース面をうまく管理するための独特の握り方

ここだけは必ず CHECK

ストロンググリップ、ウイークグリップといった握りのバリエーションは、インパクトの瞬間にフェースがどこを向くかに関係する

ゴルフのグリップがこれほど特異な形状で正しく握るのがむずかしいのには、いくつかの理由がありますが、クラブの形状による部分が大きいでしょう。

ゴルフクラブは野球のバットのような円筒形ではなく、ボールを打つ部分が面状になっており、上下左右が決まっています。この点はテニスや卓球のラケットなども同様ですが、ラケットと違うのは、ボールを打つフェース面がシャフト軸線から横に突き出していること。この面の管理こそがゴルフスイングのキーポイントなのです。

そのためまず、**グリップをどの向きで握るかという点が大きな問題**になります。**インパクトの瞬間、力が入ったときにフェースがどこを向くか**。ストロンググリップ、ウイークグリップといった握りのバリエーションは、こういった部分と関係しています。

また、ゴルフのグリップは、多くの場合右手の小指側を左手と干渉させ、右手を使いにくくしています。これには、フェース面を繊細にコントロールするため、あるいは繊細になりすぎないようにするために、フェースのターンに大きな影響を及ぼす右手の動きを制限する意図があります。

利き手である右手が使いにくいということは、やはり最初は違和感があるのも当然ですので、歪みやズレが生じやすいのです。

グリップでは握る「向き」がとても大切

ウイークグリップ

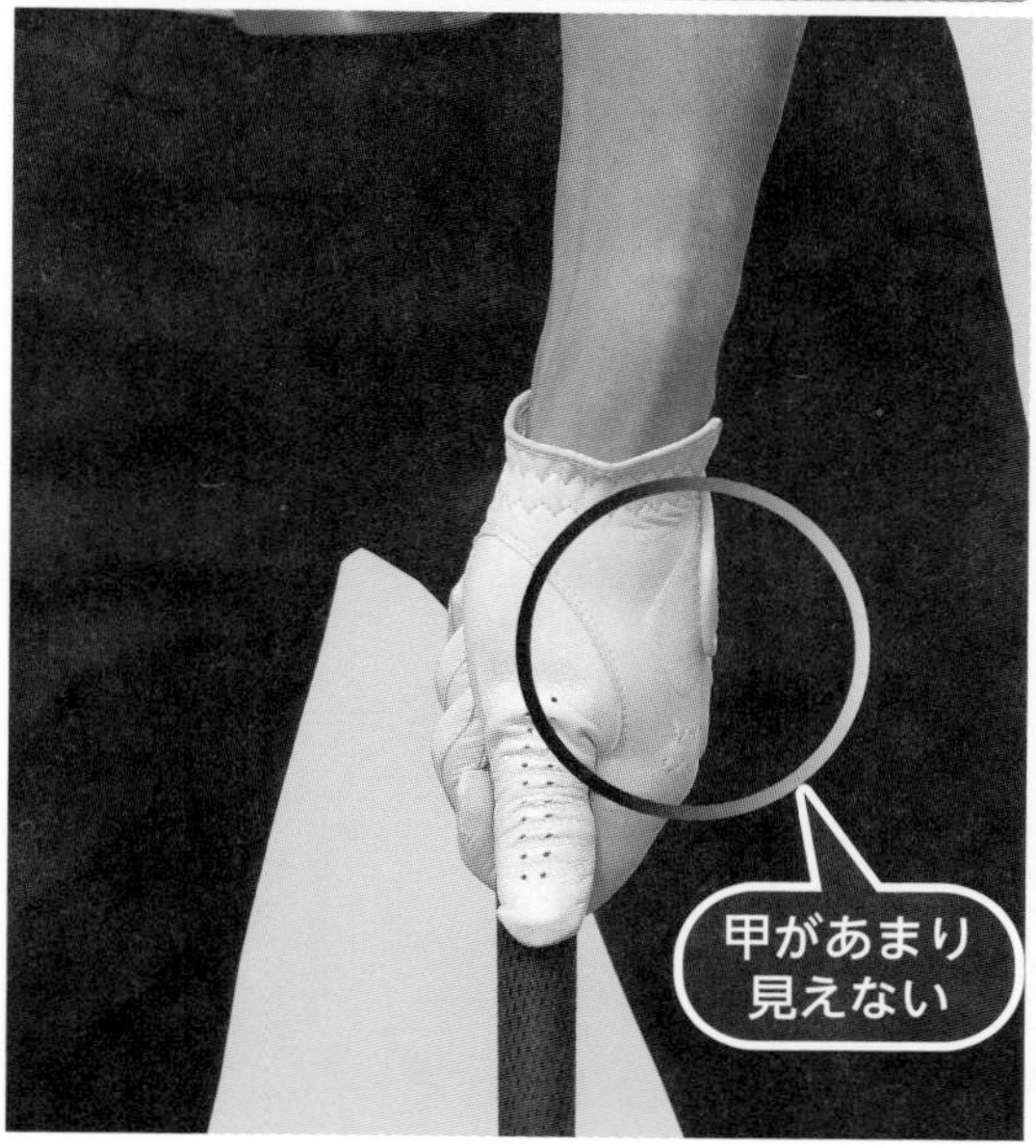

左手甲が左を向くため、自分から見て甲があまり見えないグリップ

ストロンググリップ

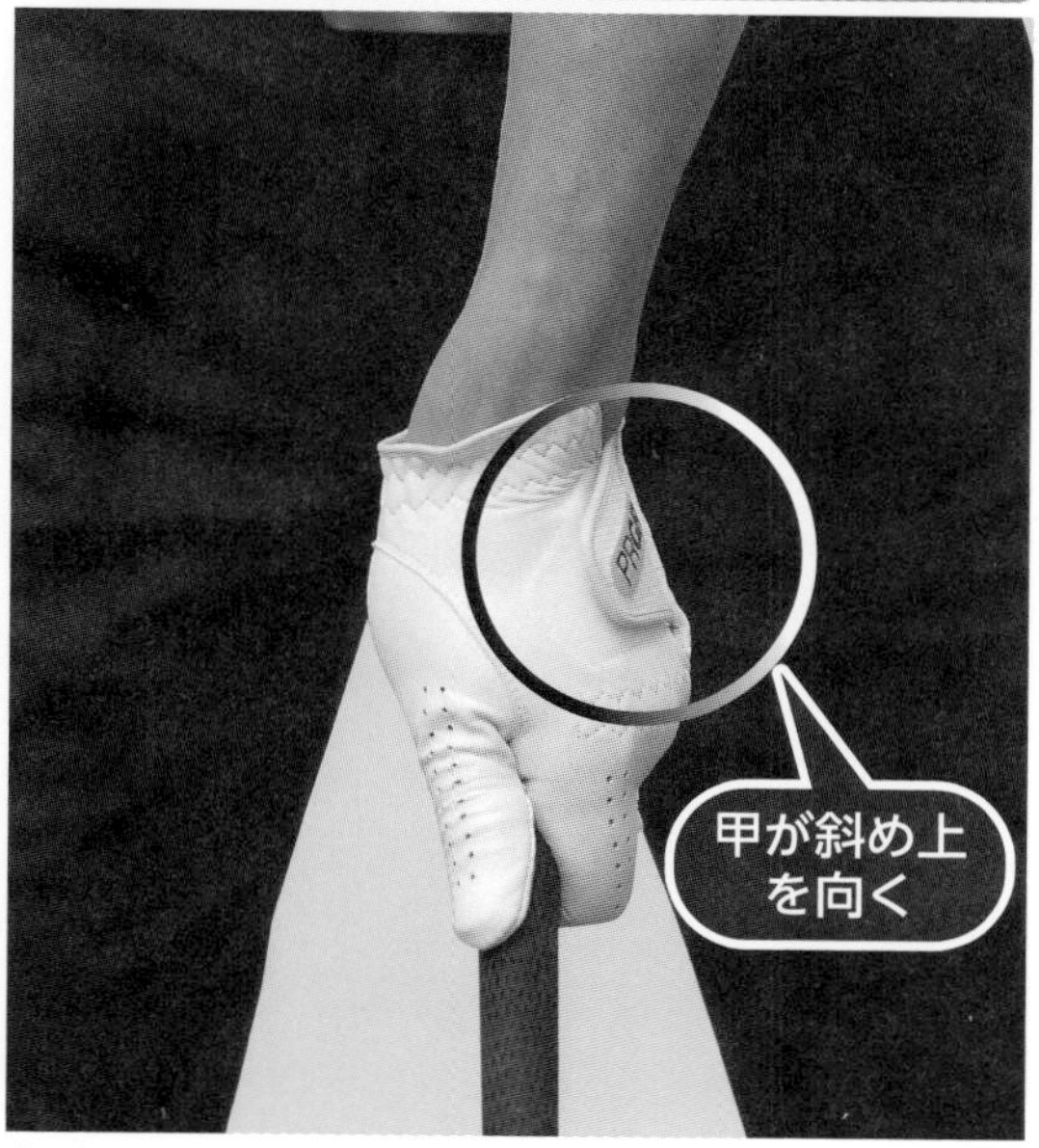

左手甲の向きが斜め上を向くグリップ

オーバーラッピンググリップ

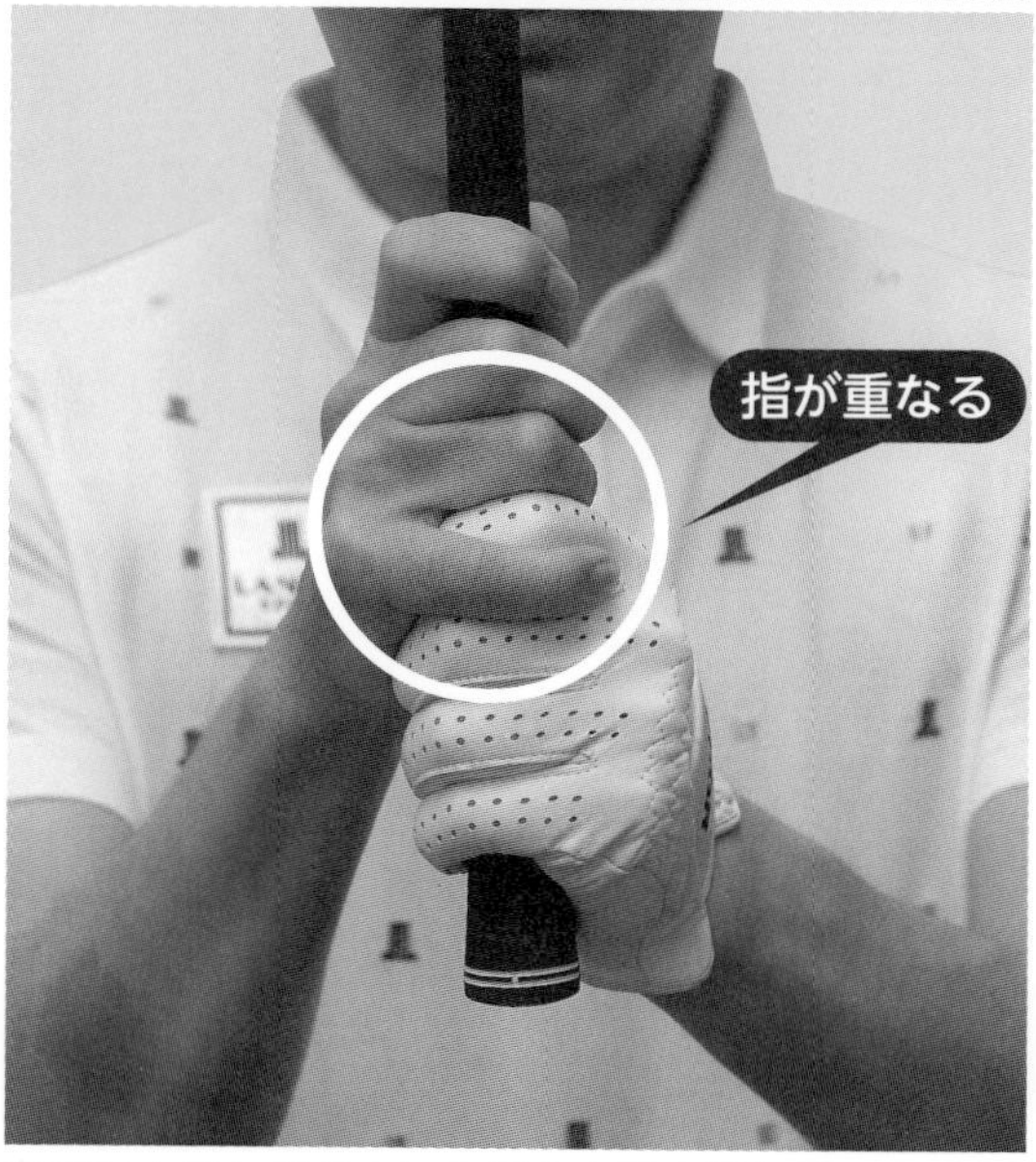

左手の人差し指の上に右手の小指を重ねるスタイル

インターロッキンググリップ

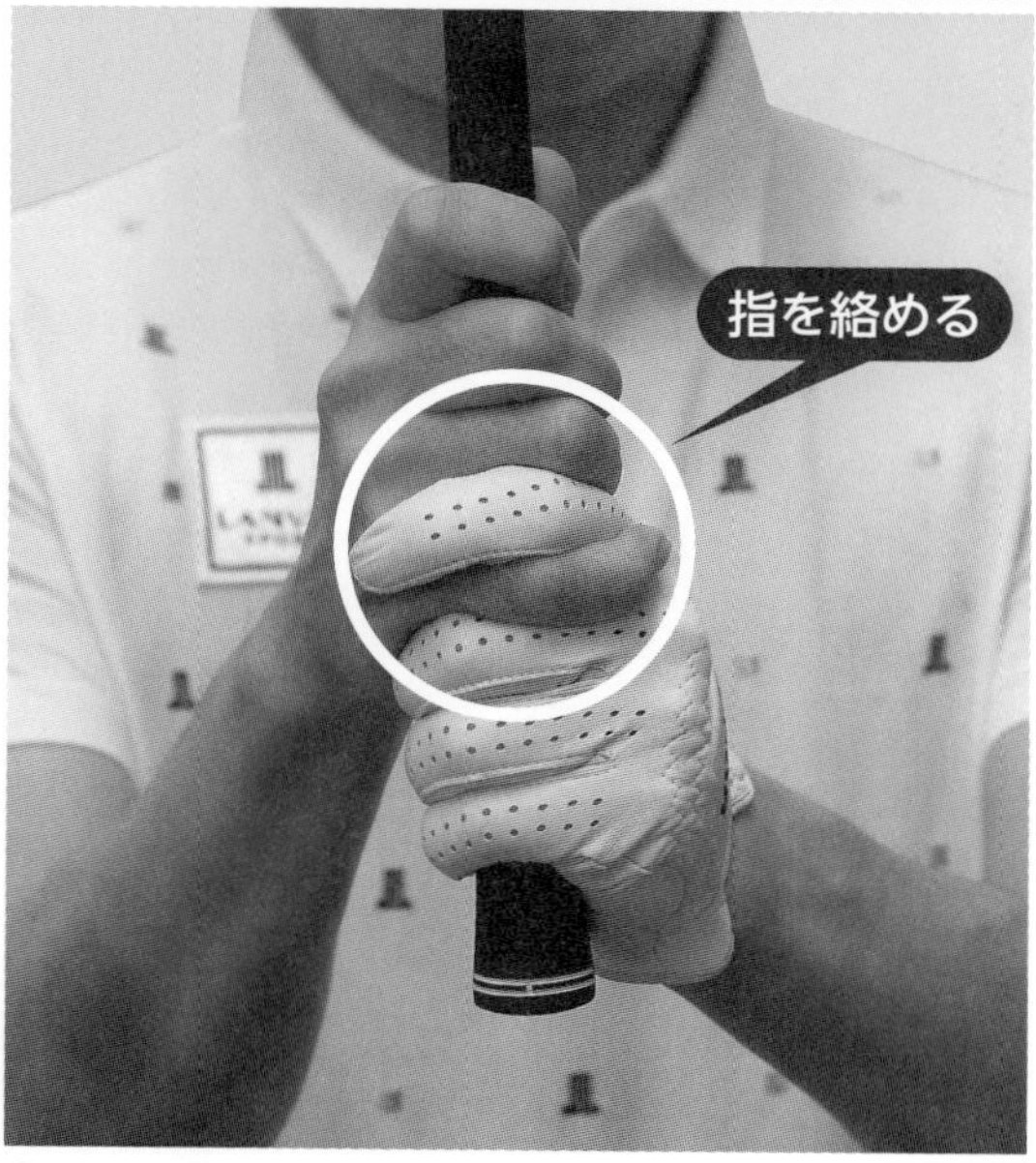

左手の人差し指と右手の小指を絡めるスタイル

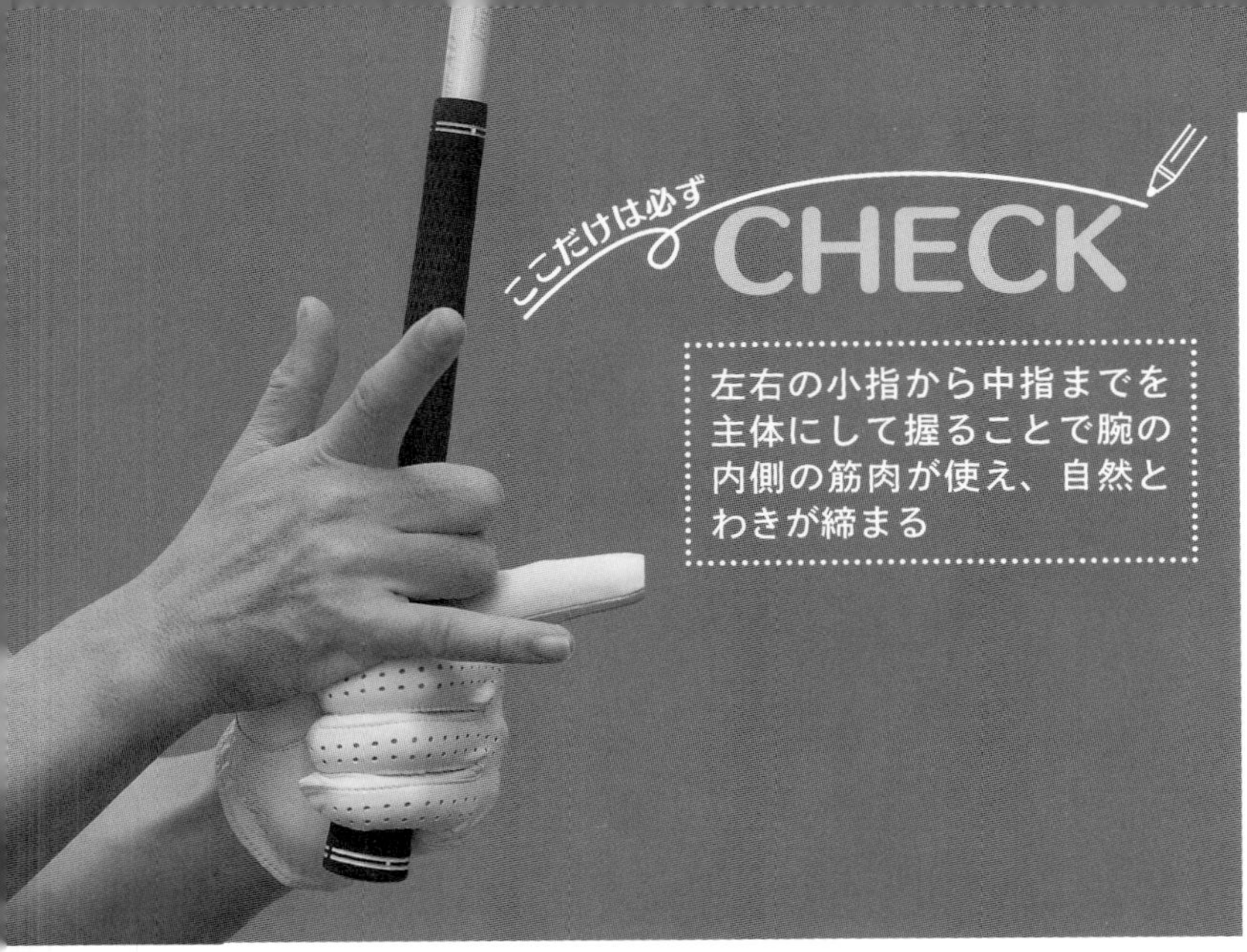

ここだけは必ず
CHECK

左右の小指から中指までを主体にして握ることで腕の内側の筋肉が使え、自然とわきが締まる

Swing Bible
グリップ

5本指がゆるまない
左手の3本と右手の2本でクラブをしっかりホールドする

グリップの具体的な握り方ですが、基本的にはどんな握り方であっても、**左手の小指、薬指、中指の3本と、右手の薬指、中指の2本、この合計5本の指でグリップをしっかりホールドすることが重要です。**

このように小指側の指を主体にしてグリップすることによって、腕の内側の筋肉が使いやすくなり、わきを締めたまま自然に体を回転させることができます。

握りの強さは、ウイーク気味の人はゆるみやすいぶん左の3本を強めに握ったほうがいいですし、ストロング気味の人はそれほど強く握る必要はありません。しかし、いずれにしても要となるこの5本がゆるまないことが重要。5本の指だけでクラブを握ってもスイングできるような形、力感を目指しましょう。

10本の指で握るテンフィンガー以外は、左手の3本に右手の2本を密着させ、両手に一体感を持たせます。

一方、**親指や人差し指にギュッと力が入るのはNG。**アマチュアには右手の親指や人差し指を強く握ってしまう人が多いのですが、こうなると腕が内旋するように力が入り、わきがゆるみやすくなります。グリップの上側がすり減っている人やグローブの親指に最初に穴が開く人などは要注意です。

親指と人差し指は強く握らない

左手は３本をしっかり握る

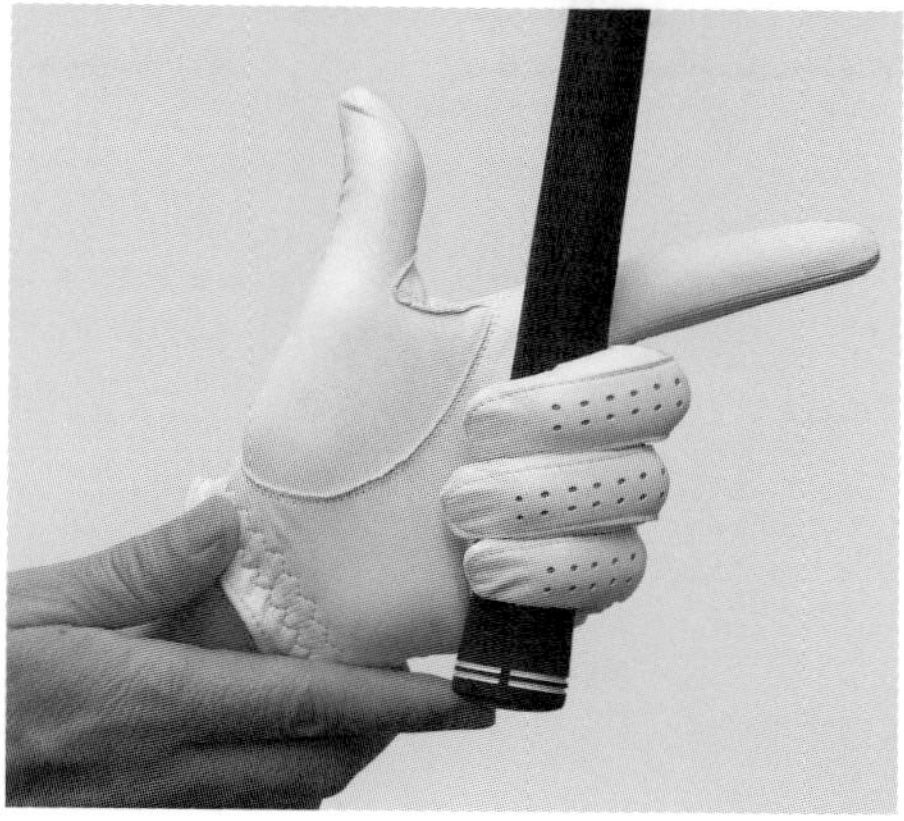

左手は小指、薬指、中指の３本をしっかり握る

右手は中指と薬指

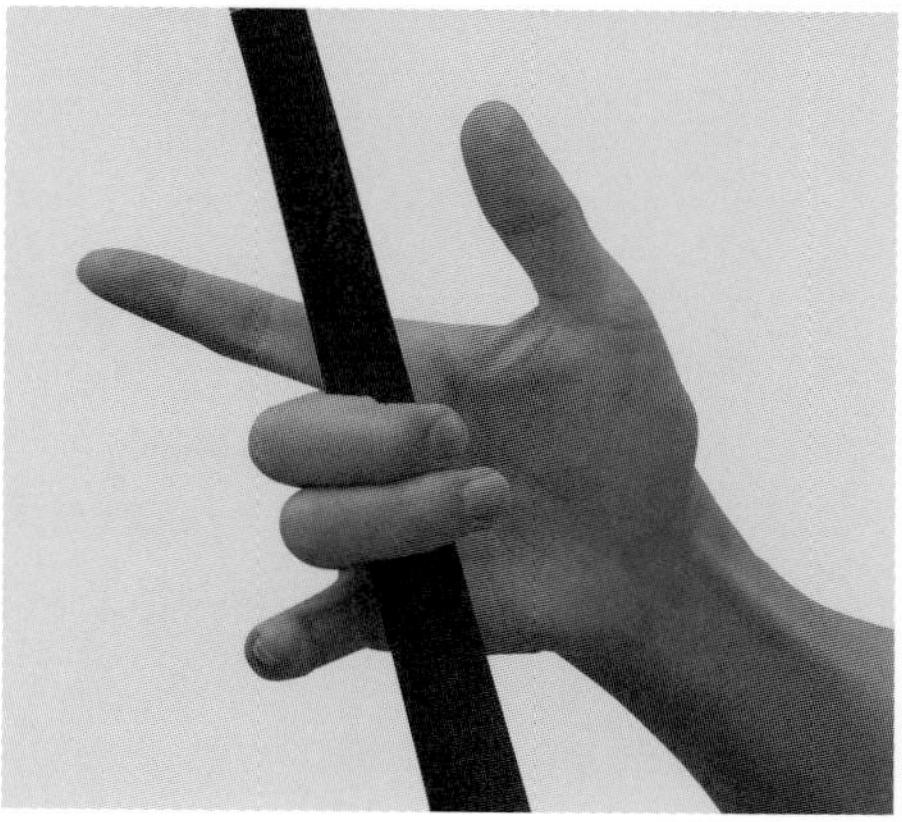

右手は小指を左手に絡める（乗せる）ので薬指と中指で握る

両手を密着させる

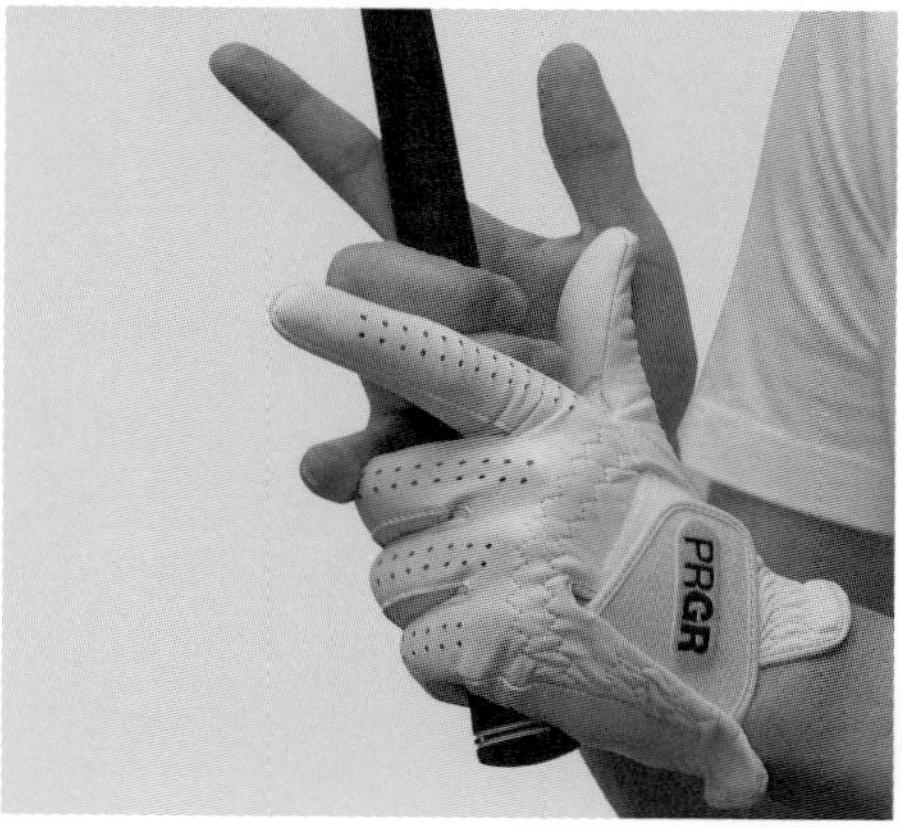

左手の人差し指と右手の薬指を密着させ、一体感を持たせる

Swing Bible

グリップ

ウイークグリップは左手親指がグリップの真上に乗る

左手甲が目標を向くウイークグリップ

グリップの握りのバリエーションについて説明しましょう。

まずはウイークグリップです。ウイークグリップとは、左手をやや横から持つようにしてグリップする握り方。基準としては、左手の親指がグリップの真上に乗っているくらいの形です。

そのため、左手の甲が目標方向を向き、手のひらとグリップの接地部分が大きいパームグリップ的な握りになるのが特徴です。

ウイークグリップは、積極的にフェースローテーションしながら打っても球が「つかまりすぎない」のが大きな特徴です。

強いローテーションで球をつかまえ

左手の親指がグリップの真上に乗る

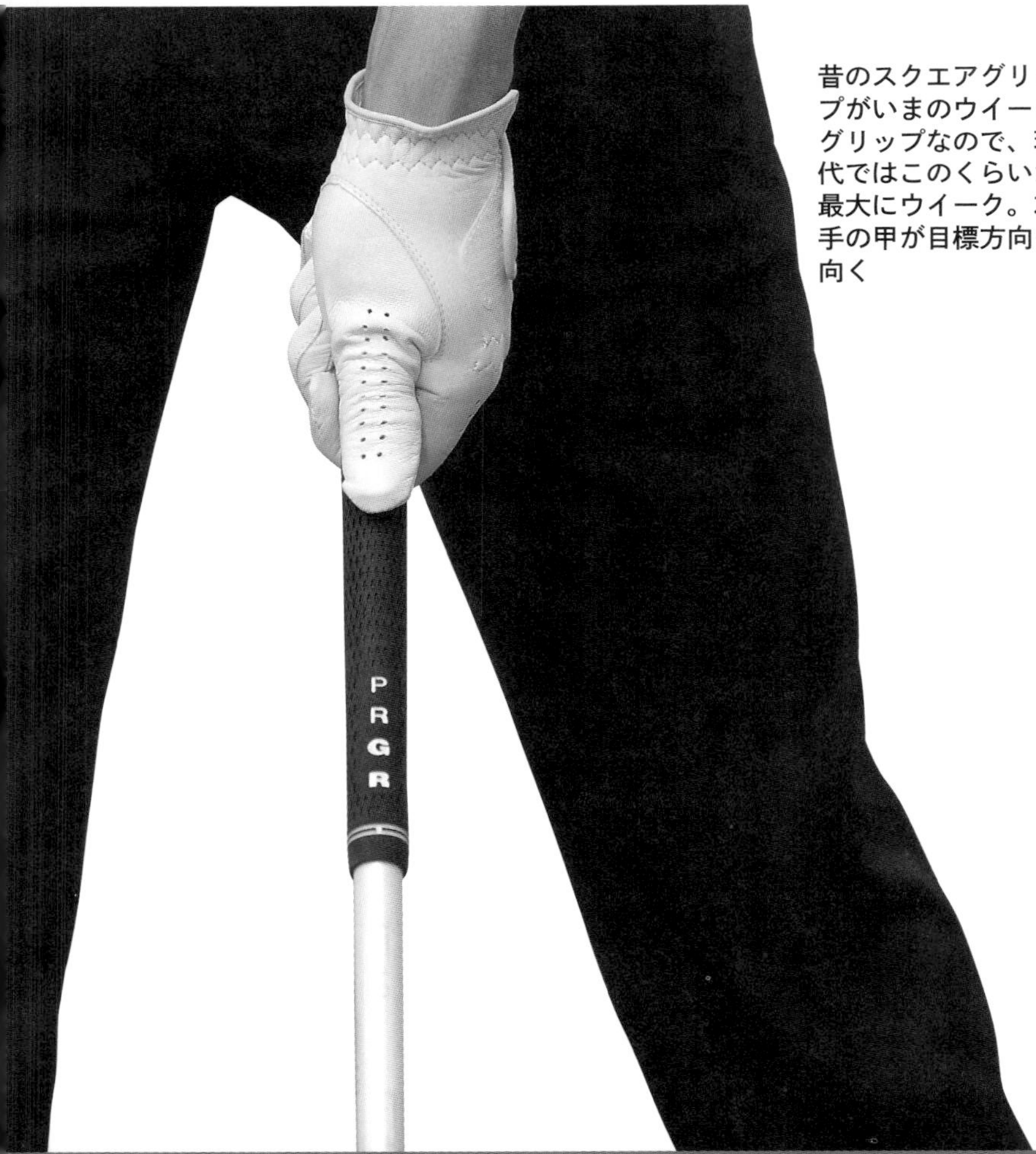

昔のスクエアグリップがいまのウイークグリップなので、現代ではこのくらいが最大にウイーク。左手の甲が目標方向を向く

なければ飛ばせなかったパーシモンやメタルヘッドドライバーの時代には、左へのミスを防げるグリップとして推奨されてきました。

しかし、クラブの進化に伴って、ヘッド自体が球をつかまえてくれるようになり、昔ほど強いローテーションが必要とされなくなった現代では、ウイークに握る選手の比率は減りました。

ウイークグリップは、ひじが下を向いた状態のほうが、わきが締まる人に向いています。

インパクトゾーンでの左前腕の回旋量が大きくなり、意識的にローテーションをしながら、体の開きを抑えて、強いヘッド・ビハインド・ザ・ボール（いわゆる、頭を残したインパクト）で球をとらえるスイングが必要になります。

左右の手のひらが正対する感じ

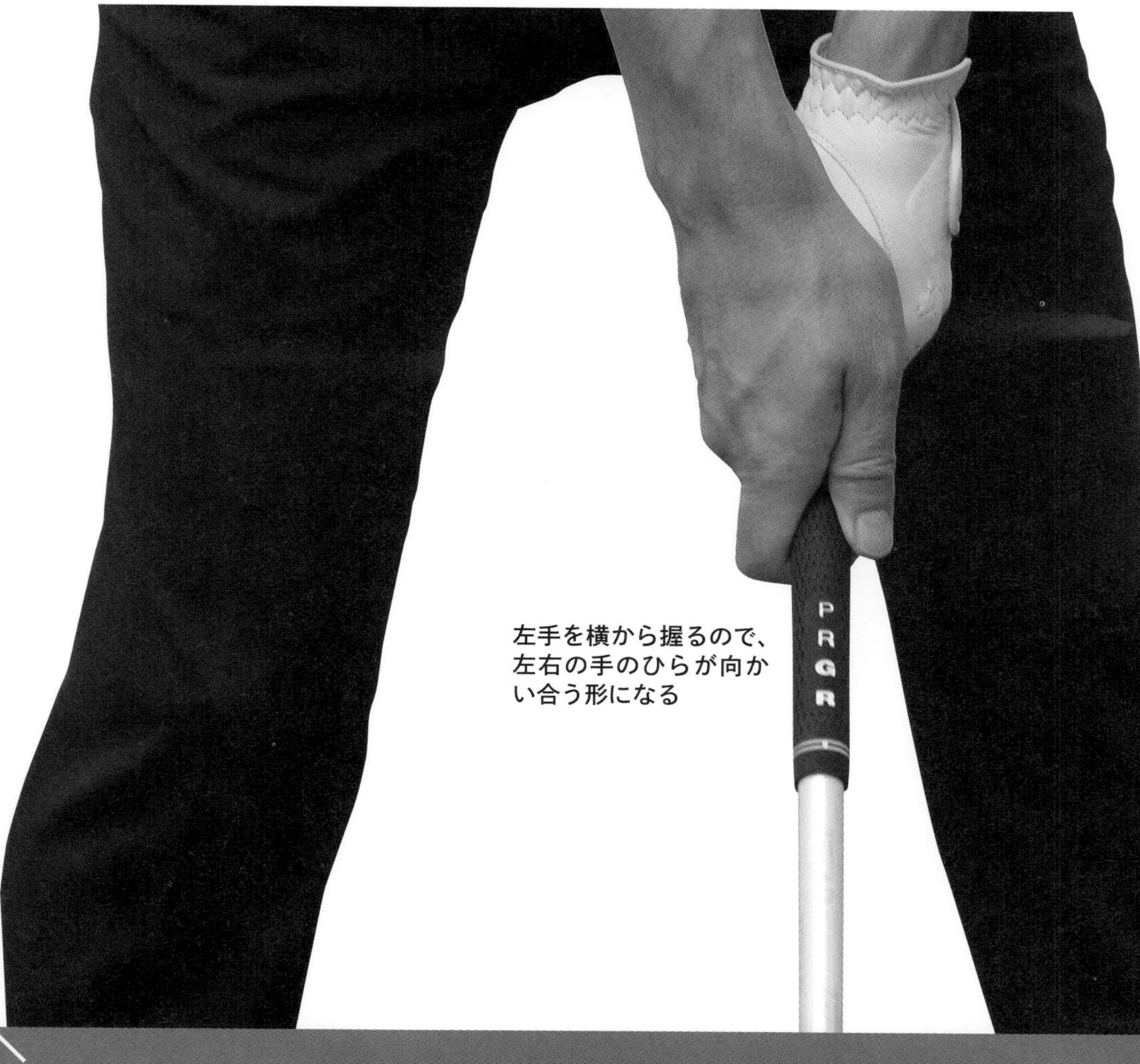

左手を横から握るので、左右の手のひらが向かい合う形になる

Swing Bible

グリップ

左手を上から握るストロンググリップ

左手親指が指1本ぶん以上右にズレるのがストロンググリップ

左手を横から持つウイークグリップに対して、左手をグリップの上から添えるように握る握り方をストロンググリップといいます。フックグリップという呼び方もありますが、どちらも同じものを指します。

左手の親指がグリップの真上から指1本ぶん以上右にズレていればストロンググリップと呼んでいいでしょう。そのため、正面から見るとグローブのベルクロ部分がよく見え、左手の指の付け根の山が4つ全部見えるくらいの握りになります。

ストロンググリップは指を主体にグリップを握るフィンガーグリップになりやすいため、**指に引っかけるように**

左手で上からグリップを握る

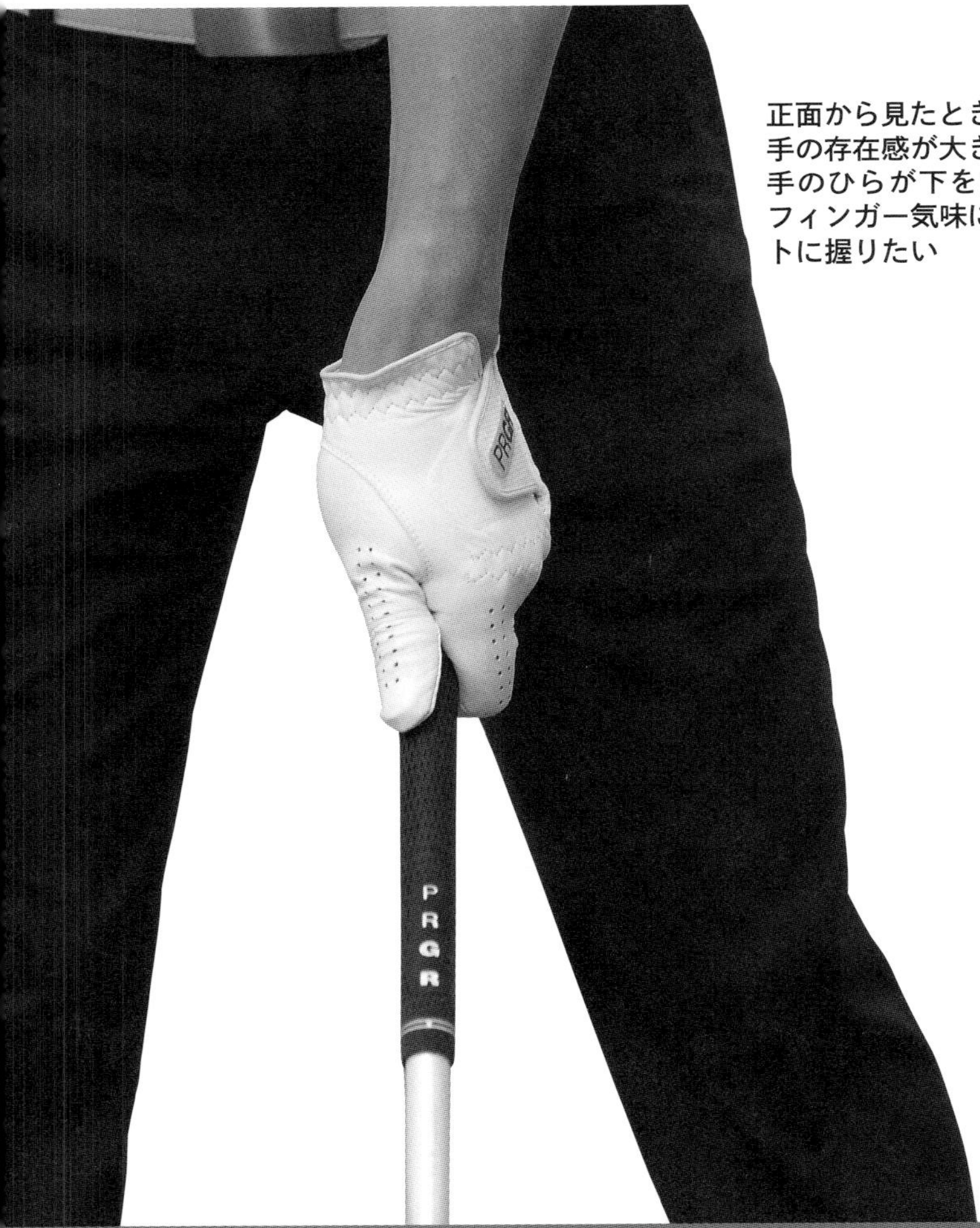

正面から見たときに左手の存在感が大きく左手のひらが下を向く。フィンガー気味にソフトに握りたい

握ればあまり力を入れなくてもグリップをホールドできます。

ですので、ウイークグリップの場合よりは、左手の3本の指の力感が弱めでもクラブをしっかり握れるでしょう。

左手の甲というよりは左手の小指付近が目標に向くような握りになり、スイング中は体の回転でスイングをリードするようにして、インパクトゾーンで左腕をあまり強くローテーションせずに振り抜いていくスタイルのスイングが求められます。

また、ダウンスイングの早い段階でフェースが左を向いてくるので、ハンドファーストにインパクトすることでフェースを真っすぐに合わせるのがポイントです。

指1本ぶん以上左手親指が右寄り

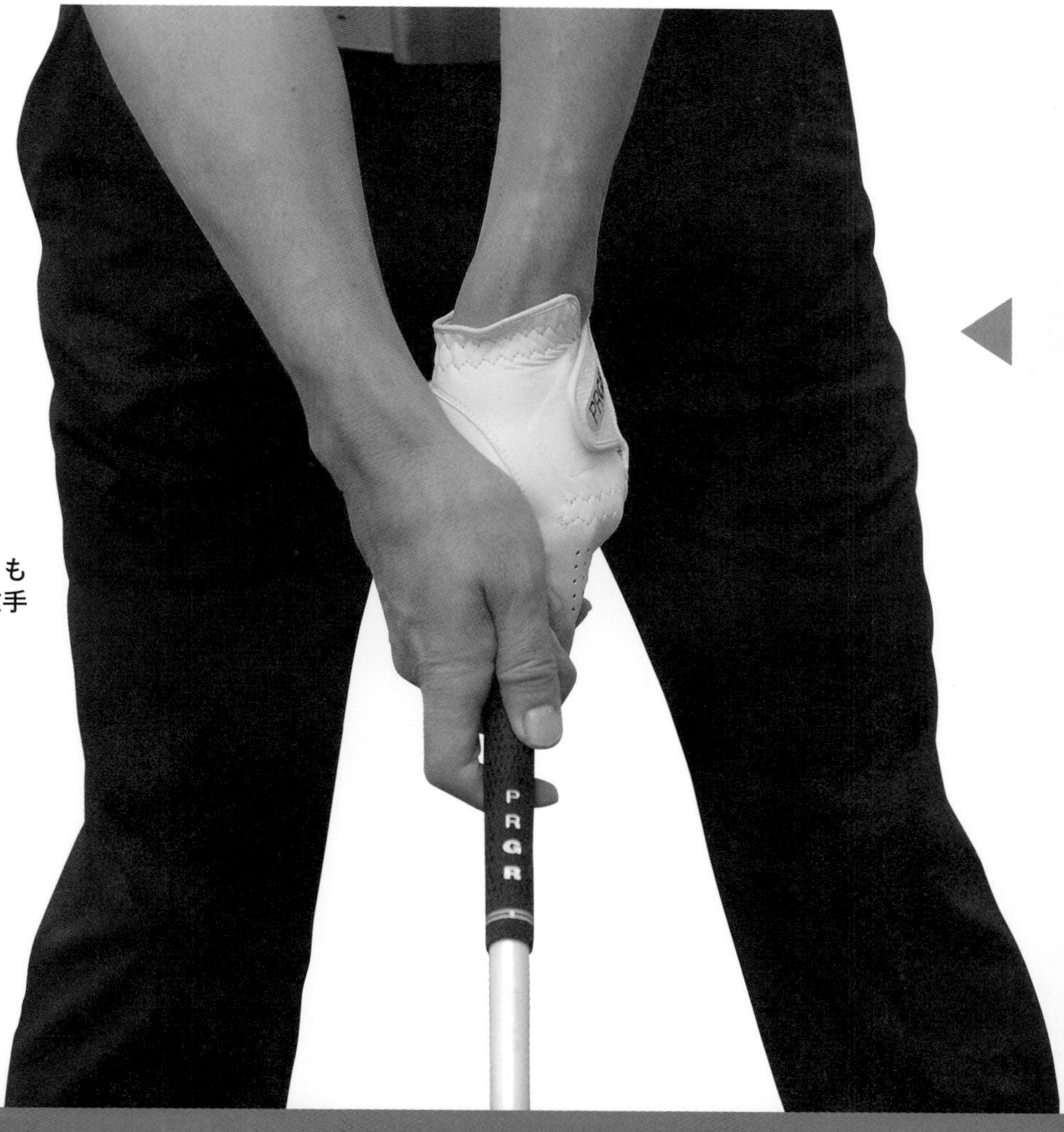

ウイークグリップよりも
左前腕が内旋され、左手
親指が右側に外れる

Swing Bible
グリップ

スクエアグリップ
ウィークとストロングの間の握りがスクエアグリップ

最後はスクエアグリップです。

まず誤解しないでほしいのは、スクエアグリップとはウイークグリップとストロンググリップの中間の握りを指す言葉でしかないということです。

ゴルフにおいては「スクエア」という言葉が非常に肯定的な意味で使われる場合が多いうえ、「スクエアグリップがよい握りだ」という指導をするプロゴルファーも多かったため、スクエアグリップこそがいい握りで、理想のグリップであるというようなイメージを持っている方も多いようです。

しかし、**ストロングかウイークかスクエアか、どの握りがよいかは、その人の骨格や打ちたい球の目的に左右さ**

ストロングほど指が外れない

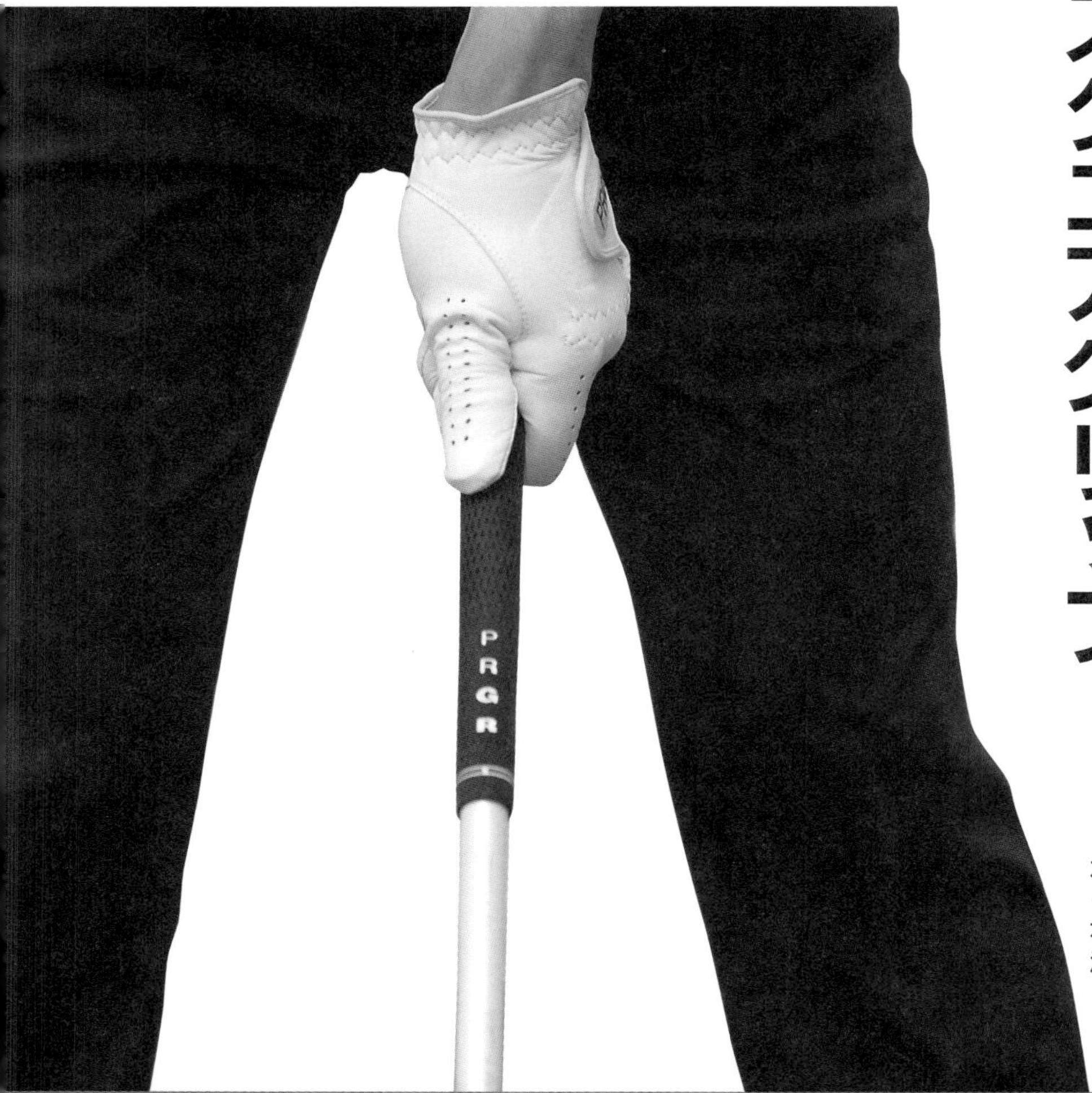

左手親指の位置が、グリップの真上より右で、指1本ぶん未満のズレ

れるものであって、万人に共通の正解はありません。

ですからスクエアグリップは、「スクエア」という名前ではあるものの、どこかが何かに対してスクエアになっているというわけではなく、ウイークよりもストロング寄りで、左親指のズレが指1本未満の握り方を指します。その意味ではある程度の幅を持った、ウイークでもストロングでもない握りはすべてスクエアというわけです。

ウイークでもストロングでもしっくりこなかった人は、その中間のスクエアグリップを、いろいろ微調整しながら試してみてください。ウイーク寄りのスクエアも、ストロング寄りのスクエアもありますが、大事なのは言葉ではなく、形なのです。

ストロングもウイークも合わなければ試そう

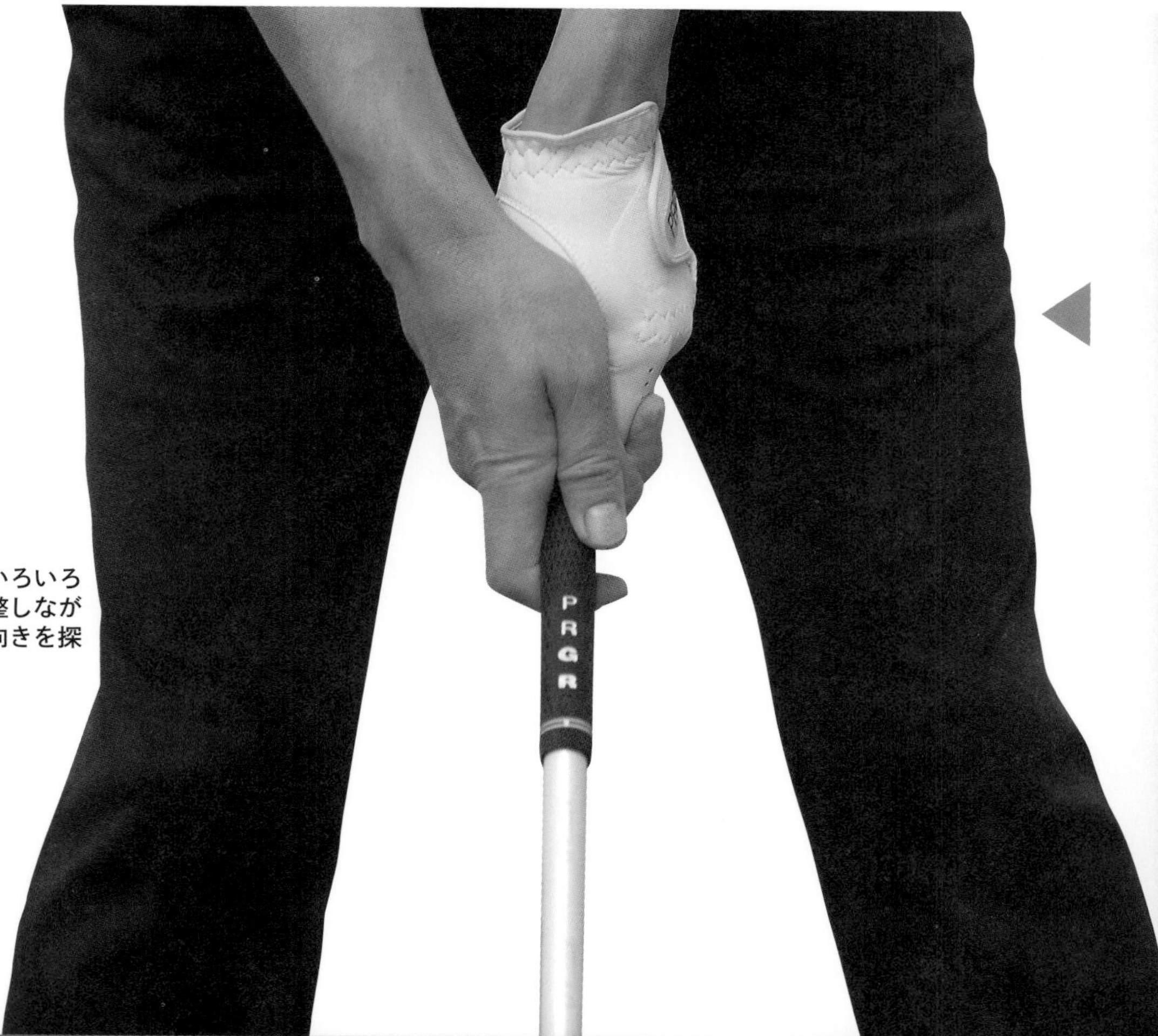

左手の向きをいろいろズラし、微調整しながら自分に合う向きを探そう

Swing Bible グリップ

右手のひらの向き

どのグリップでも右手は真横から握る

ここまで説明してきたウイーク、ストロング、スクエアというグリップの握りは、**基本的には左手の向きで決定する**ものです。

では、それぞれの左手に対して右手をどう握るかといえば、**基本的にはすべて「真横から」**でよいでしょう。

右手と左手が正対するように握ると、左手を横から握るウイークグリップやウイーク寄りのスクエアグリップなら問題なく右手を真横から握れると思います。

気をつけなければならないのは、強いストロンググリップの場合。右手のポジションが不自然に下から握る格好になったり、その影響でアドレスの体の向きが歪んだりしやすいというリスクがあります。

まず左手のグリップを作ったら、右手は手のひらがターゲット方向を向くように横からグリップに添え、中指と薬指を握り込んでから、最後に親指、人差し指の形を作ります。

このとき、人差し指の第二関節が直角に曲がって、右の人差し指で銃の引き金を引くような形（トリガー）を作ります。そしてこの第二関節上にグリップがのる感じにします。

アマチュアゴルファーにはとくに、この右手の形が悪い人が多いので注意してください。

ただし、どうしても球がつかまりにくい人は例外的に、ストロンググリップで、かつ右手を左手と正対するようにやや下から握ることで、よりフェースをクローズに、クラブをインサイドから入れやすくする方法もあります。

右手は真横から添えるように握る

右手は手のひらがターゲット方向を向くように横から握る

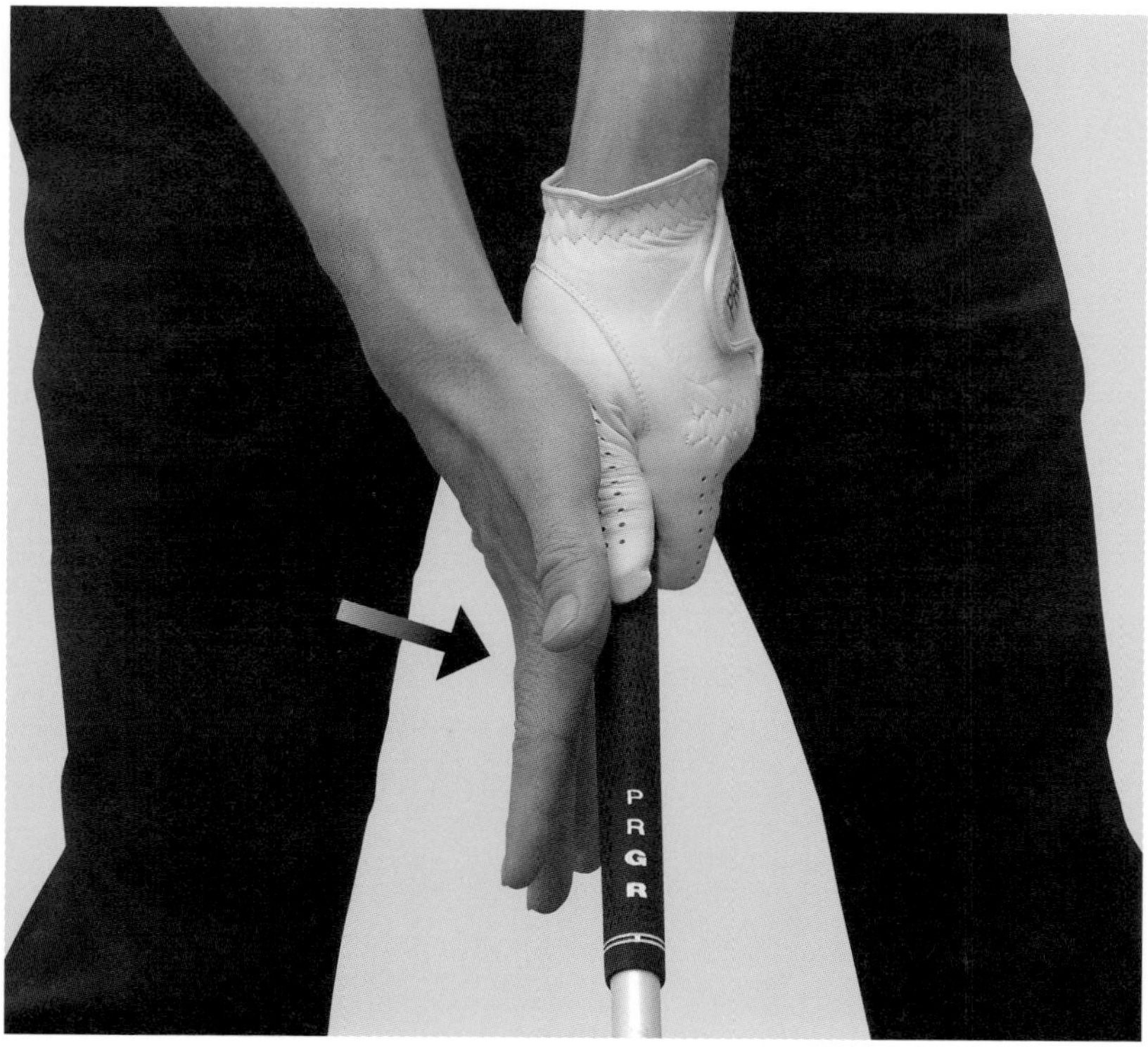

中指と薬指を最初に握る

中指と薬指を握り込んでからほかの指の形を整え、グリップに一体感を出す。親指と人差し指の締まりも重要

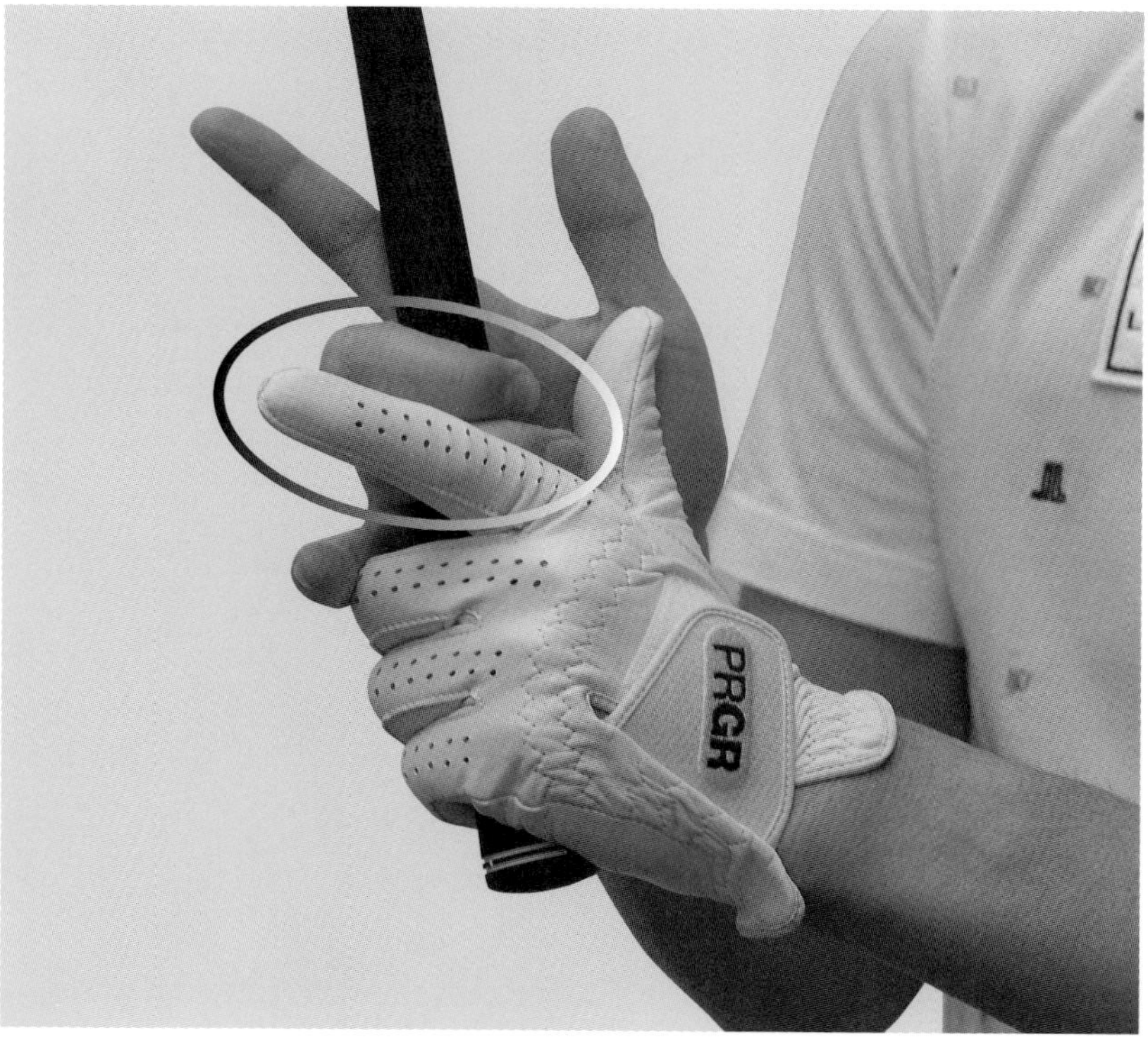

Swing Bible
グリップ

グリップとひじ

両ひじの向きに気をつけてグリップを作る

繰り返しますが、グリップはクラブと体をつなぐ唯一の接点です。そのため、グリップの握り方の良し悪しがスイングに直ちに影響します。バランスのよいグリップはバランスのよいスイングを生み出すということで、グリップのバランスが悪ければミスショットにしかならないのです。

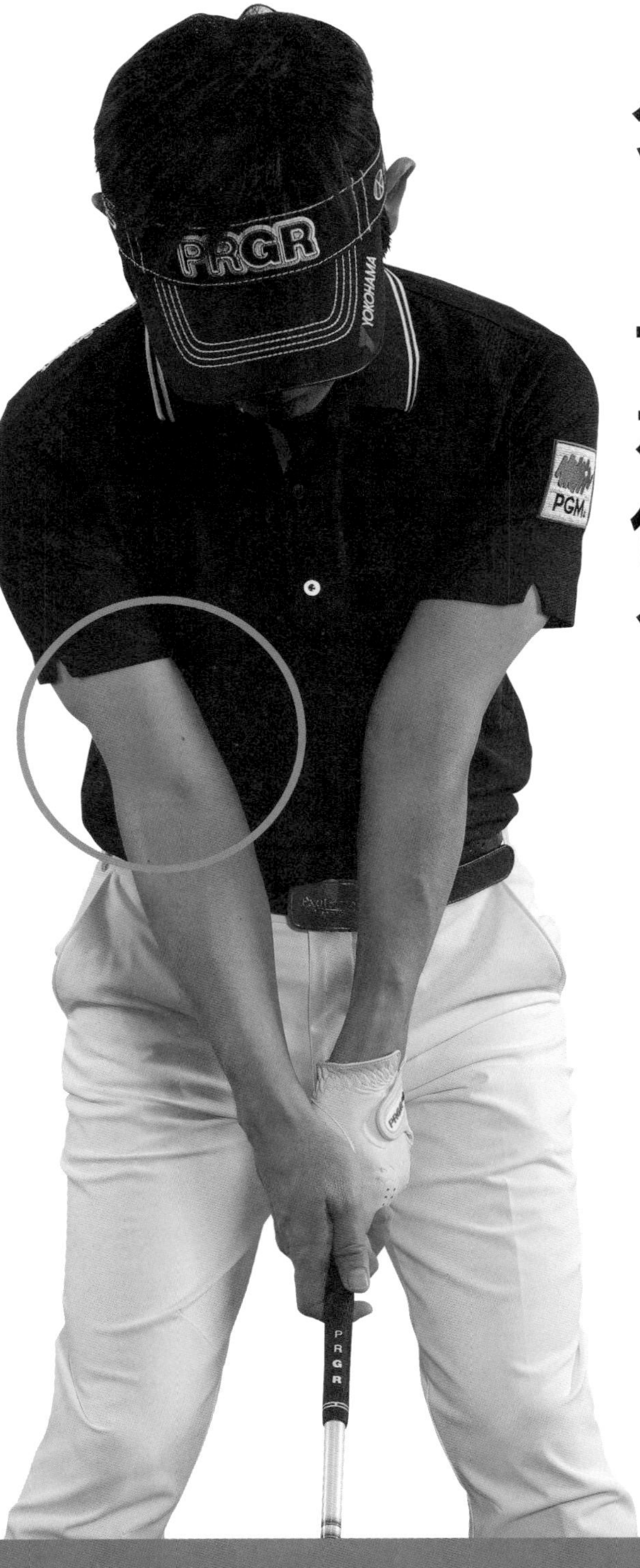

右ひじを右腰骨に向けてグリップを完成させる

グリップを作るときはひじの向きに注意

両手をバランスよく握るポイントのひとつに、両ひじの向きがあります。

グリップは必ず左手から握りますが、その際は**左わきを締め、左ひじを左の腰骨に向けた体勢で左手のグリップを作るようにしましょう。**

右手についても同様で、**右わきを締めて右ひじを右の腰骨に向けた体勢で右手のグリップを作ります。**

さらに**右ひじを少し体に引きつける**ことで、理想的なアドレスが作れます（54ページに関連事項あり）。

人によって両手の握り方はスクエアグリップ、ストロンググリップ、ウイークグリップなど個人差がありますが、スタイルはどうあれ、**両ひじが腰骨を指していることは絶対条件**なのです。

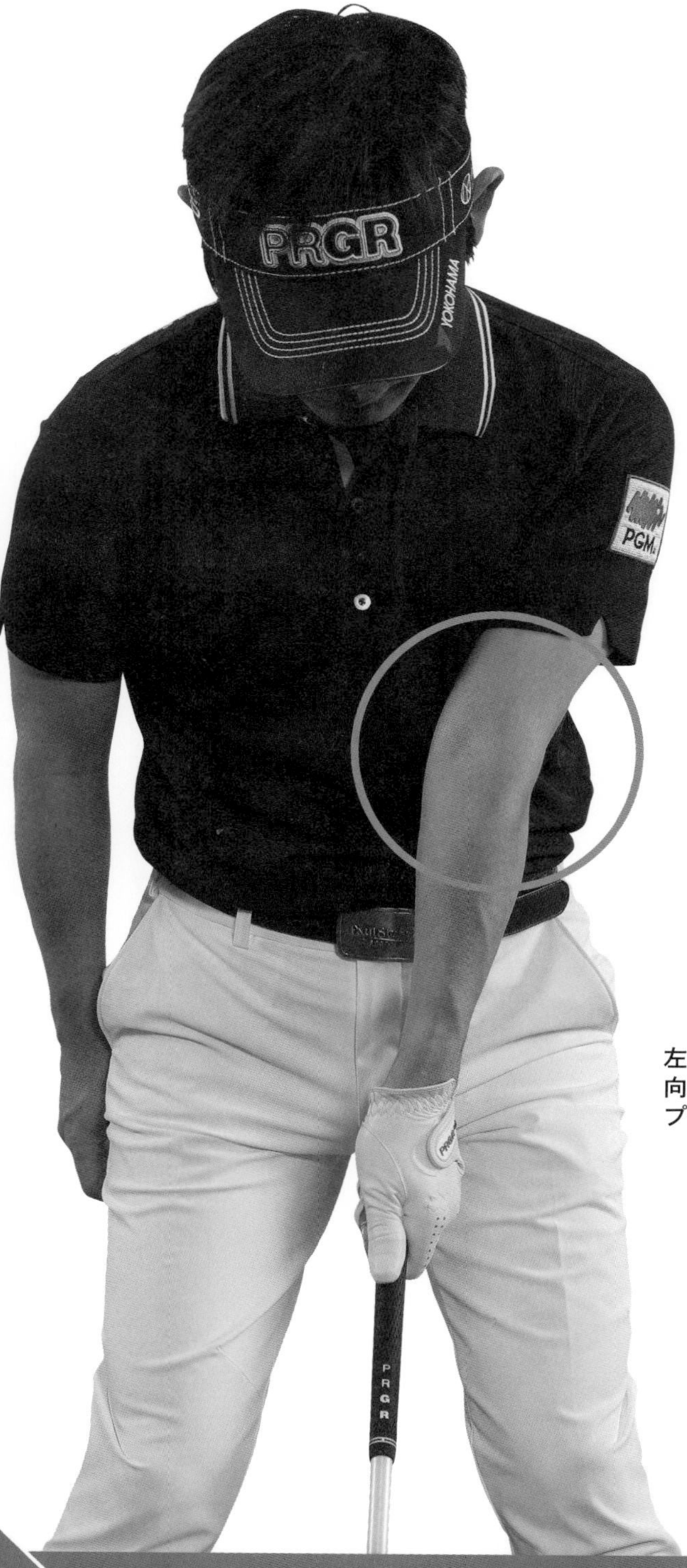

左ひじを左腰骨に向けて左手グリップを作る

Swing Bible
グリップ

ボールを押せる形

インパクトでいちばん力の入るグリップがベスト

ウイーク、ストロング、スクエアと、いろいろなグリップの形を紹介してきましたが、どのグリップが本当に自分に合っているかは、その人の骨格や体型によりますし、前述のように、たくさんの球数を打ち、コースでプレーしながら試さないとわかりません。

　ですが、基準となるのは「インパクトでいちばん力の入る握り方が合っている」ということです。

　グリップをどう握るべきかは、すべてインパクトでスクエアにボールをとらえ、スイングのエネルギーを効率よくボールに伝えるための方法論です。**「力が入る」というのは、具体的には、両わきが締まった状態（＝両ひじがわき腹の腰骨付近）を指しており、体幹でボールを押せる状態のことです。**

　インパクトでボールを叩こうという力が入ったときに、グリップをどう握っていれば腕がそのポジションに収まるかが重要なのです。

　グリップを考える際も、なんとなく「握りやすい」などという感覚ではなく、スクエアなインパクトという目的をはっきりさせることが大事なのです。

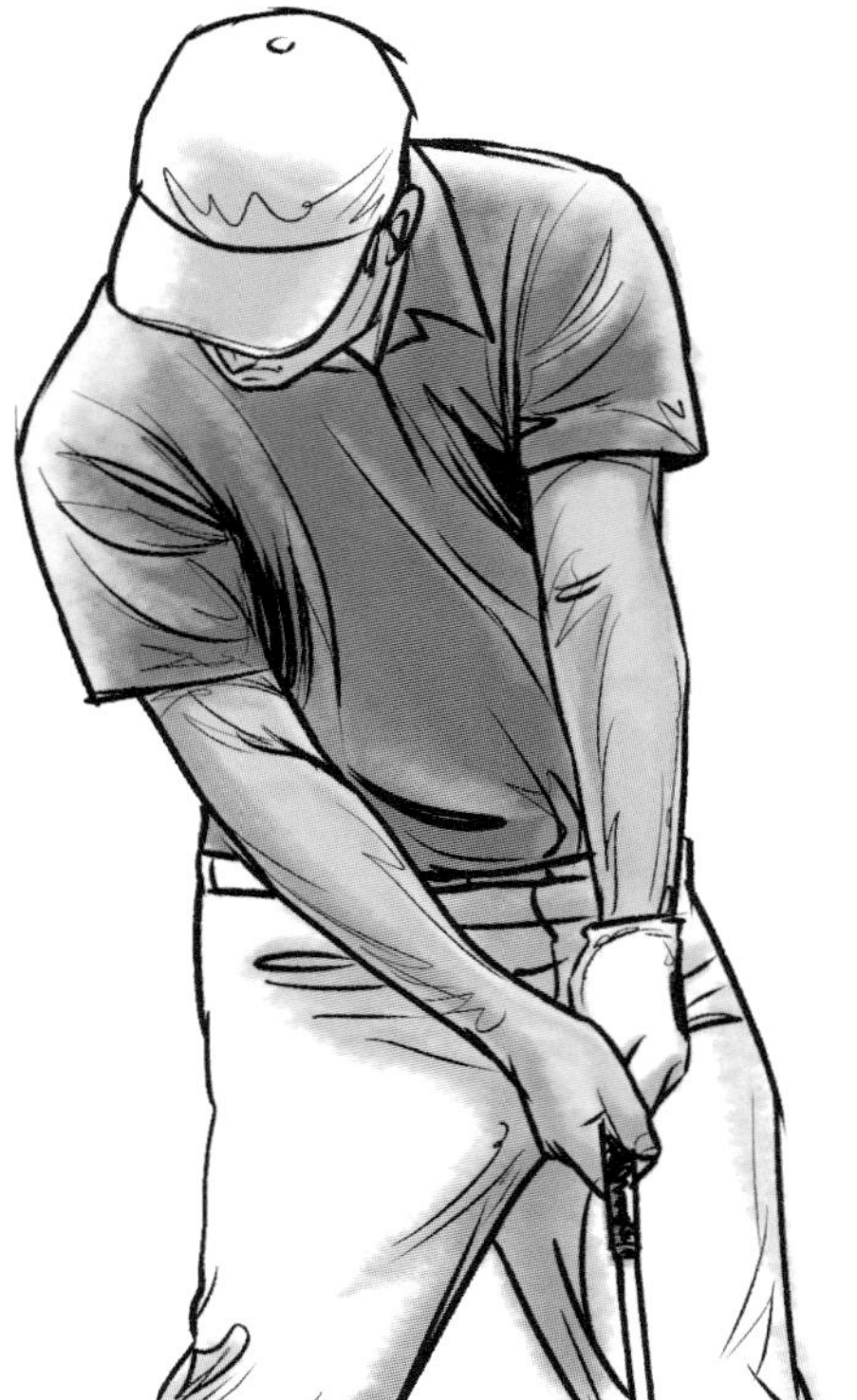

インパクトで両わきが締まると力が入り、ボールを強く押せる状態になる

何のためのグリップか、その目的を考えよう

アドレス

アドレスもグリップもスクエアなインパクトのためのもの

インパクト

インパクトの形を作って力が入ったときに、自然とわきが締まり、両ひじがわき腹を指すグリップの向きなら、曲げずに飛ばせる
インパクトでわきが締まってボールを押し込める握りがいい

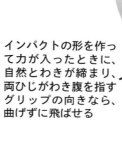

“デスグリップ”に注意！ グリップのゆるみや歪みは“個性”ではない

Column 2

グリップは骨格的に自然であることが重要と言いましたが、守られていなければならないポイントが崩れているものはＮＧです。以下のようなデスグリップは、クラブの自然な動きの邪魔をするため、上達の妨げになったり、特定のミスの原因になったりします。

デスグリップ① ×

右手を上から握りすぎ
アドレスが歪んでいる

右手をかぶせるように上から握りすぎると左右のバランスが崩れ、右肩が前に出やすいなど、アドレスにも悪影響が出る

デスグリップ② ×

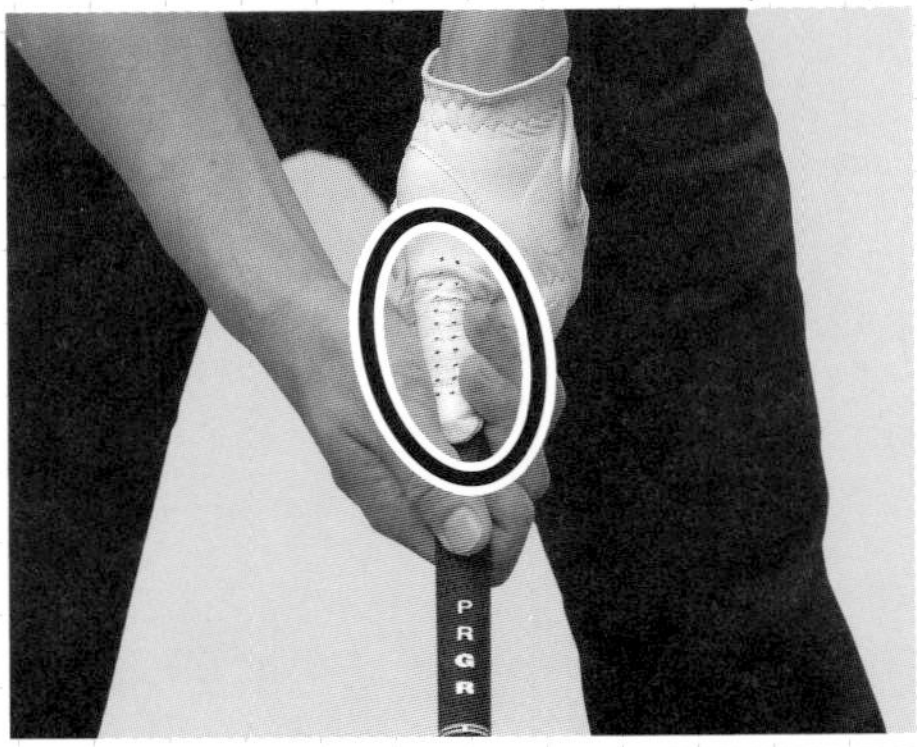

右手の握りが歪んで
左手の親指が見える

右手を下から握りすぎて、左手親指が右手のひらの隙間から見えてしまっている。右肩が下がってアドレスも歪みやすい

デスグリップ③ ×

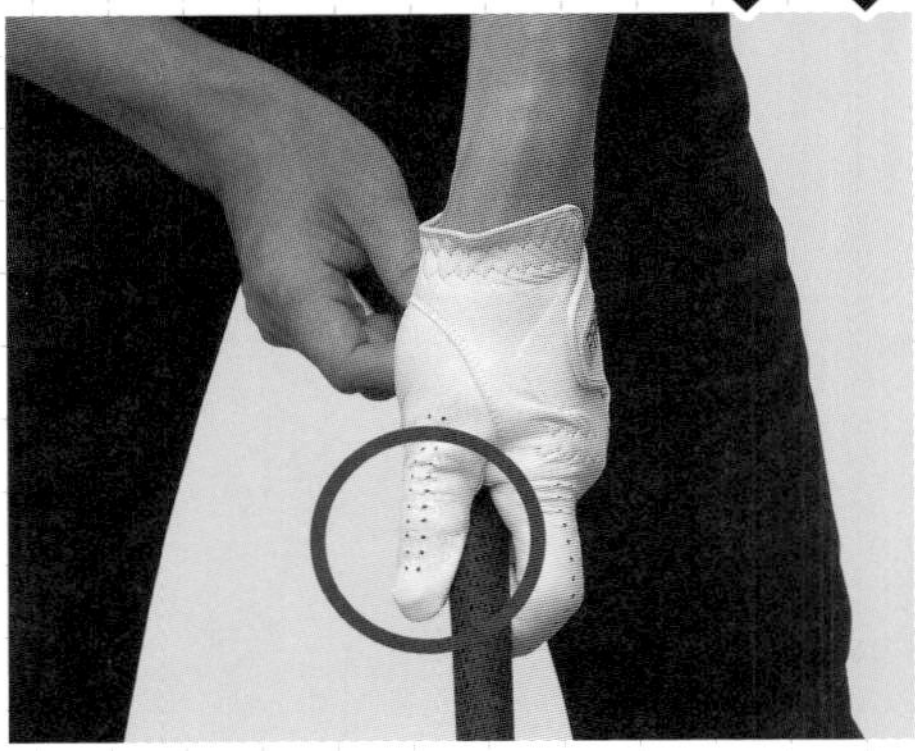

左手に締まりがなく
親指がグリップから外れる

左手の親指がグリップ上から外れ、親指と人差し指の間がゆるんで手とグリップに密着感がない

デスグリップ④ ×

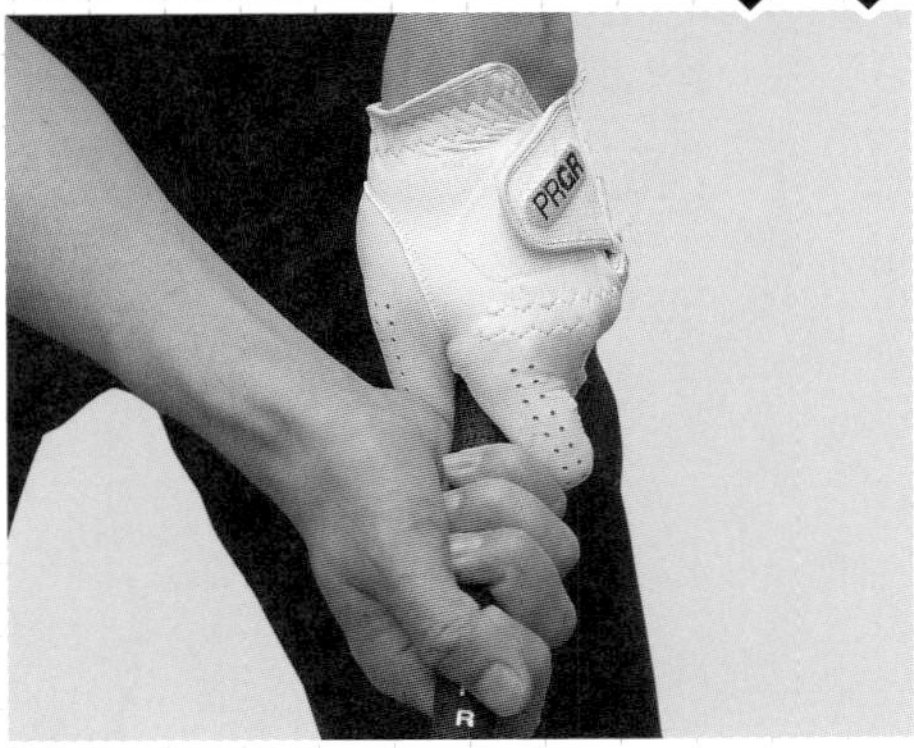

右手のひらで
グリップを握っている

右手で棒を握るように手のひらでグリップを握る、いわゆる「クソづかみ」。Ｖ字の締まりも人差し指のトリガーもない

第3章

CHAPTER 3

アドレスのポイントは「骨格」のポジショニング

アドレスでは「骨格」に目を向けます。ゴルファーの体型や体格は千差万別ですが、骨格は大して変わりません。骨格のポジショニングさえ間違えなければ、世界の超一流プレーヤーとほぼ同じアドレスがつくれるのです。

本章では主にアドレスで骨格を正しいポジションに導くポイントを紹介します。実践する際には筋肉は度外視し「骨」を意識してください。

Swing Bible

アドレス

スイングの出発点

いいアドレスが作れればスイングも自然とよくなる

グリップができたらその次に考えなければならないのは、アドレスです。

アドレスは、グリップと同じくらい地味で細かく、動きがないポジションであるため、ゴルフの書籍や雑誌、動画などのレッスンにおいて、どうしても軽視されがちな部分です。

しかし、どんなにスイングの「動」の部分を意識してスイングの質を高めようとしても、そのスタート地点であるアドレス

アドレスの質はスイングのクオリティに比例する

アドレスはスイングの一部。スイングの成否を決めるといっても過言ではないので、質を高めることが重要だ

が悪ければそういった努力もまったくといっていいほど意味をなしません。アドレスはそのくらい大事な要因なのです。

極論すれば、**ゴルフスイングは「構えたようにしか振れない」**といってもいいかもしれません。

アドレスの段階で関節が正しいポジションに収まっていなければ、そこから先を正しく動かすことはできませんし、体がそっぽを向いていたら、スイングもその方向にしか振れません。

ですが、これを反対に考えると、**正しくアドレスできれば、体も自然と正しく動く**ということ。

完璧なアドレスさえ作ってしまえば、何も考えなくても理想的なスイングができるといっても過言ではないのです。

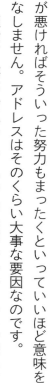

アドレスは正しいスイングのための準備。そう肝に銘じてしっかりと習得してください。

完璧なアドレスが作れれば自然といいスイングができる

アドレスを見ればスイングがわかる、といわれるくらいで、いわばアドレスはスイングの鏡といえる

Swing Bible
アドレス

関節の向き

わきが自然と締まるポジションで構えるのがポイント

スイングの準備という意味で、アドレスの形は「関節の向き」が非常に大事です。

なかでも重要なのが**ひじ関節の向き**。両方のひじが下を向いて両腰骨を指すポジションに収まれば、自然とわきが締まります。

スイングにおいて、両わきはつねに締まったままで、両上腕が胴体と一体に動きます。アドレスの段階でわきの締まりが作れていれば、あとは体をスムーズに回転させるだけで腕とクラブは自然とよい軌道を描いて動きます。

そのため、**わきが締まっていることはアドレスの必須条件**なのですが、関節の向きが悪いとわきは締まらず、クラブを正しい軌道に乗せるために手先などによる何らかのアジャストが必要になります。これはスイングのシンプルさを損ない、再現性を低下や余計な力みを生むことにもつながります。

大事なのは、力を入れてギュッとわきを締めるのではなく、**腕の向きとポジションで自然と両わきにテンションがかかった状態を作ること**。悪いポジションから無理にわきを締めようとしても力みを生むだけです。

プロゴルファーなどが、わきにグローブやタオルを挟んで練習している姿を見たことがあるかもしれませんが、あれはわきに力を入れてグローブを挟んでいるのではなく、力を入れなくてもグローブが挟まったままになるポジションを作るための練習なのです。

ここだけは必ず CHECK

力まなくてもわきが締まるポジションが大事

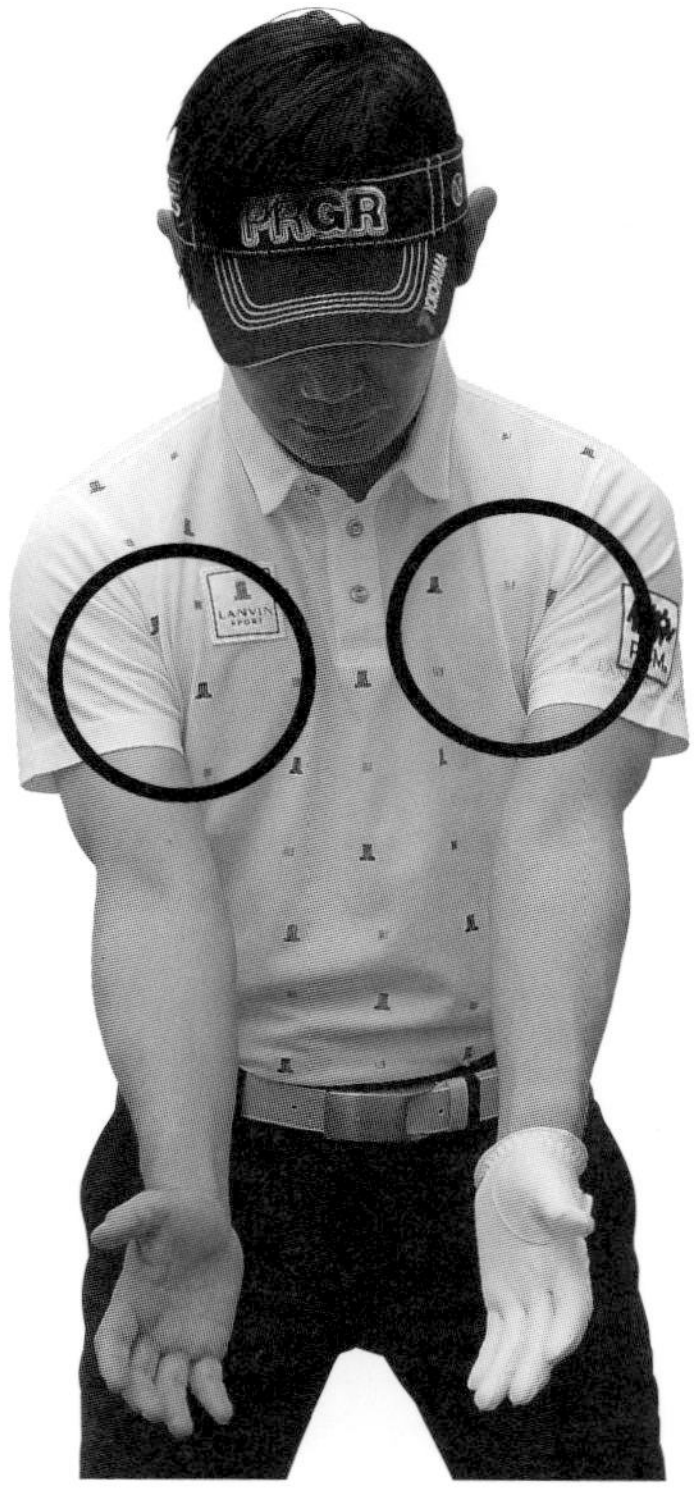

ゴルフスイングは
わきを締めて体を
回すだけ

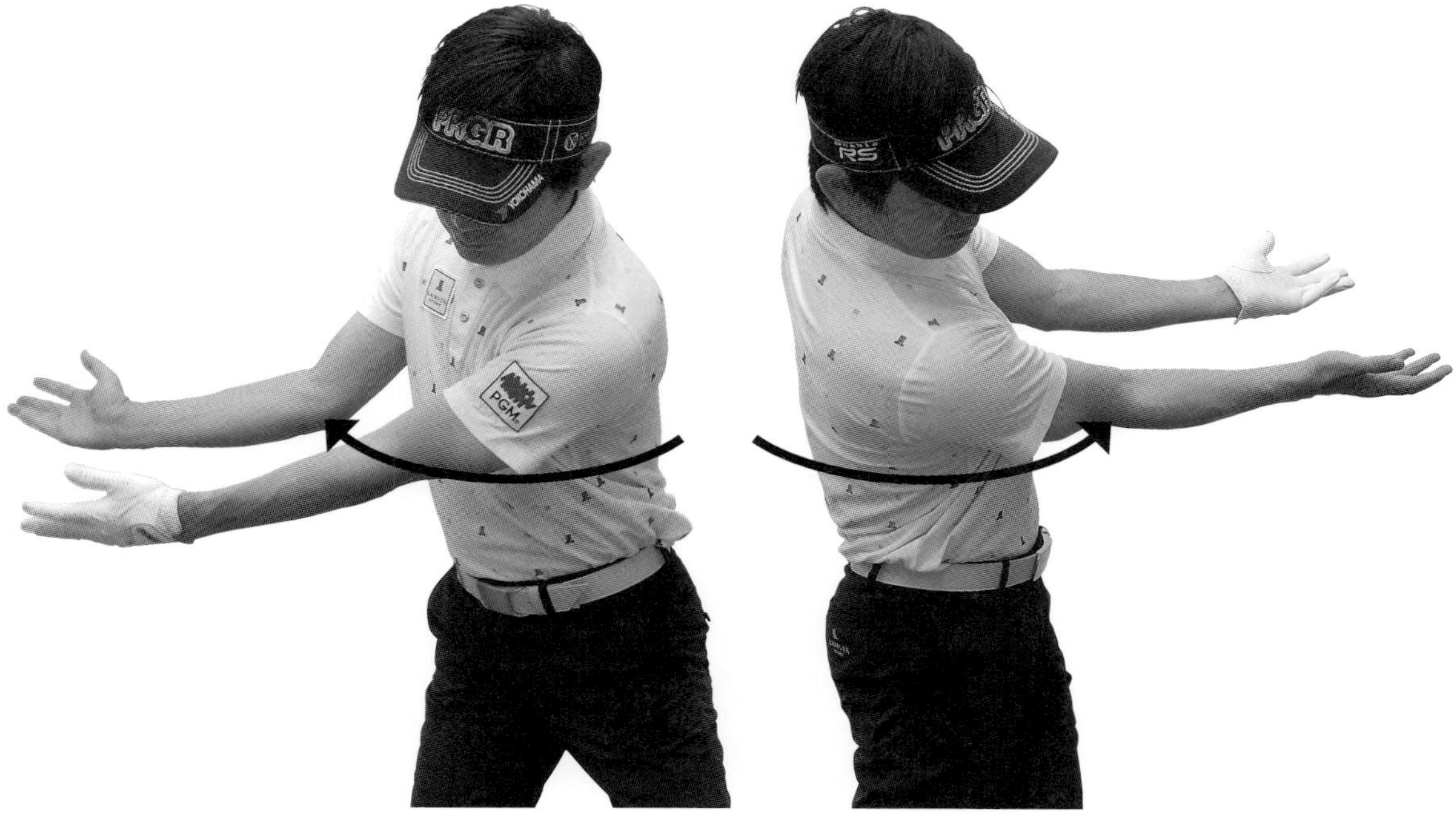

両わきにテンションがかかっていれば、その状態を維持して
体を回転させるだけで腕やクラブは自然といい軌道で動く

Swing Bible
アドレス

両ひじの向き

アドレスの要点は両ひじを両腰骨に向けること

ゴルフスイングにおける腕や手は、自分で「こう動かそう」「こう振ろう」などと意識するものではなく、体幹部の回転に連動するもの。体幹部の回転が「主」であり、腕や手は「従」です。

正しい回転に連動して腕や手が正しく動くようにするためには、アドレス時の両腕のポジションが重要なポイントになります。そのポジションとは、**両ひじが両腰骨のほうを向いた状態で、左ひじは左の腰骨を、右ひじは右の腰骨を指す**ようにするのです。

両ひじを突っ張ったり、大きく曲げて横に張らないように、両腕をリラックスさせて両ひじを下に向けましょう。**両ひじを両腰骨に向けると、両わき**

右ひじを右の腰骨に向けておく
両ひじを両腰骨に向ければ両わきが適度に締まり、体の回転と腕の振りが同調しやすい

に適度な締まりを感じます。腕を脱力させて構えることで、両腕の重さによって両わきが自然と締まる。**この締まった感じをスイング中もキープすれば、体の回転に腕が同調してクラブが正しい軌道に乗りやすくなります。**

これに反して腕や手を使いすぎると、体の回転との連動が阻害されます。バックスイングで右ひじが大きく浮き上がるフライングエルボーや、クラブをインサイドに低く引きすぎて両腕がロールしたりするのはその典型です。

アドレスの際の両ひじの向きが適切なら、スイング中に両ひじが過度に動いてしまうこともなくなります。

バックスイングで右ひじが自然にたたまれ、フォロースルーでも左ひじがスムーズにたたまれます。意図しなくても、体幹部の回転に連動して、正しい腕使いが自然にできてしまうのです。

両わきをきつく締めたり、両ひじを無理やり体に引きつけたりしなくて結構です。両肩や両腕を楽にして、両ひじを両腰骨のほうに向けるだけです。

両ひじの向きを間違えなければ正しい腕使いが自然にできる

PRGR
両腕を脱力させて下げ、両ひじを楽にして腰骨のほうに向ける

PRGR

ここだけは必ず CHECK

左ひじは左の腰骨に向けておこう

Swing Bible

アドレス

骨盤の前傾

股関節が使える姿勢で前傾すればスムーズな回転でスイングできる

骨盤を前傾させられず、お尻を落とすようにして猫背になってしまうとうまく回転できない

ゴルフスイングは、前傾した姿勢で回転するのが大きな特徴です。

しかし実のところ、人間の腰椎はわずか2~5度程度しかねじれないので、胸椎や頸椎の動きでねじれの差を作る必要があります。

また、それに加えて、左右の股関節を上手に動かし、骨盤ごと上体を右、左と入れ替える動作も必要となります。

前傾角度を崩さずにこの回転運動を行うためには、アドレスの時点で背骨の土台となっている骨盤自体を前傾させておかなければなりません。

スイングが安定しないアマチュアゴルファーのほとんどは、アドレスで前傾する際に、この骨盤のポジションを作れておらず、お尻を落として背中を丸めるなどしてごまかしています。

前傾を作る際には、まず直立した姿勢を作り、骨盤より上の上半身全体を1枚の板のようにキープしたまま股関節から前傾します。そして最後にひざを軽く曲げる。

少しお尻を上に向けるようなイメージ。腰の両サイドの出っ張った骨が骨盤の上端部分なので、この骨盤ごと前傾させる感覚のアドレスを身につけてください。

股関節から上体を前傾させる

股関節を支点に骨盤を前傾させてアドレスを作る

ここだけは必ず CHECK

骨盤を前傾させる手順

直立した姿勢から、骨盤を意識しながら上体を１枚の板のように前傾させ、最後に軽くひざを曲げる

Swing Bible

アドレス

体の後ろ側

頭の後ろと背骨のラインを真っすぐにセットする

アドレスでは、体の後ろ側のラインをできるだけ真っすぐにすることも大切なので、まずはそのように構える手順から紹介しましょう。

1　両足を肩幅くらいに広げて直立の姿勢をとる。あごを引いて、後頭部から背中、お尻のラインを真っすぐにする。

2　軽くお辞儀をする感じで、腰の付け根から上体を折り、両ひざを軽く曲げる。この際、腰にクラブを当てがい、後ろに押すようにしてお尻を少し引きながら上体を折り、両ひざを曲げるといい。

2
腰の付け根から上体が軽く折れ、両ひざは軽く曲げる

3
腕を脱力させたポジションで両手をグリップ

ここだけは必ず CHECK

上体を折るときはあごが前に出ないように、背中を真っすぐにキープしておく。両腕の力を抜いて下げれば、アドレスの基本姿勢が完成。フトコロにゆとりを出そう

3　両肩から両腕を自然に下げる。この腕を脱力させたポジションで両手をグリップすればアドレス完成。

注意点は、直立の姿勢から上体を折るときに背中が丸くなったり、腰を真下に落とさないことです。顔をボールに近づけるとあごが前に出て、猫背のアドレスになってしまいます。

また、腰を真下に落とすとかかと体重になり、へっぴり腰や棒立ちの構えになります。これだと下半身が安定せず、スイング中に足腰が動いて、前傾姿勢が崩れやすくなります。

スイング中に前傾角度をしっかりキープするには、前傾角度が変わりにくい姿勢で構えることが絶対条件です。

つま先体重の構えではインパクトで上体が前に突っ込んでしまいやすいし、かかと体重になると上体が起きてしまうことになります。重心を土踏まずから拇指丘《ぼしきゅう》にかけての部分に意識し、下半身をどっしりさせて構えることを忘れないようにしましょう。

背すじを真っすぐにして前傾姿勢を作る

1　直立の姿勢になり、後頭部、背中、お尻にかけてのラインをなるべく真っすぐにする

2　横にしたクラブを腰の前に当て、後ろ側に押すようにしてお尻を少し引きながら上体を折るといい

立ち位置がボールに近すぎたり、遠く離れすぎたりしてもいけません。近すぎると両手が浮いた構えになりやすい上に、腕やクラブを振るスペースが狭いためにインパクトが窮屈になります。逆に遠すぎると前傾が深くなって過度なハンドダウンに。体の回転と腕の振りが同調しにくく手打ちのミスを招きます。最終的にはフトコロにゆとりがあり、腕とクラブを振るスペースを確保できていれば万全です。

Swing Bible
アドレス

右肩、右ひじ、グリップエンド
腕は肩から真下に垂らし背中でテンションをキープする

アドレスの際には、わきが適度に締まっていることが大事ですが、上腕全体が胴体に密着しているわけではありません。

実際には、腕は肩からほぼ真下に垂れ下がるようにポジショニングされます。

胸や上腕の筋肉が発達している人などの場合には、手が少し前に出ることもありますが、通常のショットでは腕が垂直よりも体寄りに入ることはないと考えていいでしょう。

基本的には、左腕は伸ばし、右ひじは曲げて構えますが、左ひじをピンと突っ張るように伸ばそうとすると力みやすいので、腕とクラブの自重で自然

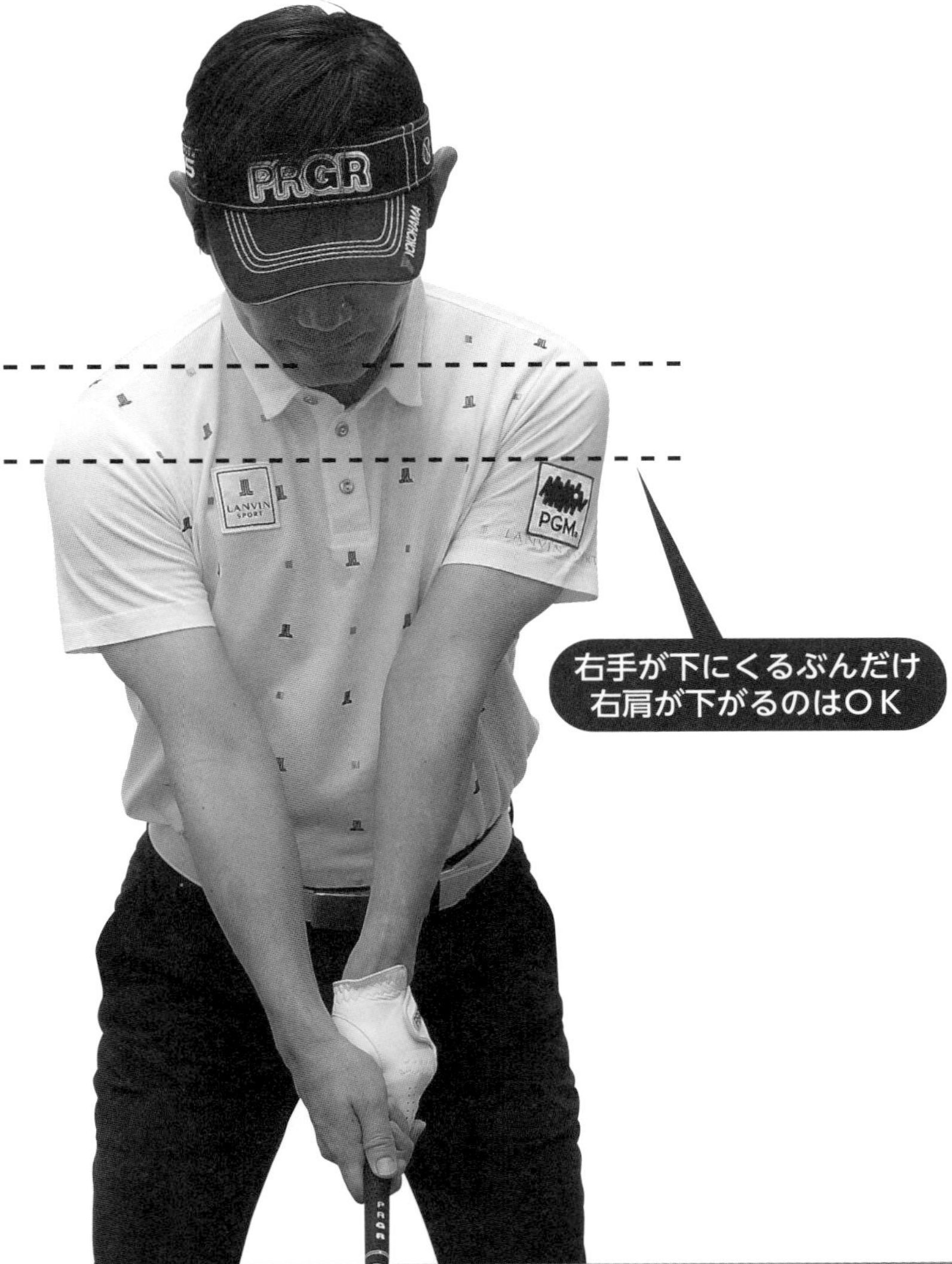
右手が下にくるぶんだけ
右肩が下がるのはＯＫ

と伸びているくらいのテンションがよいでしょう。

後方から見たときに、肩、右ひじ、グリップエンドが垂直に並んでいる状態が理想です。

このとき、肩甲骨に余計な力が入らないように注意してください。

左右の肩甲骨の間を広げるように肩を前に出したり、反対に肩甲骨が寄るように肩を引いたりせず、腕の位置を保持するだけのテンションを背中に感じながらリラックスしていることが大事です。

本来は肩の高さも左右揃えたいですが、ゴルフのグリップは、右利きなら右手が左手よりも下にくるため、ほんの少し右肩が下がるぶんにはOKです。上体の前傾とも深く関連しますが、ボールと体の距離も、プレー中に気づかないうちにズレやすい要因のひとつです。

ここだけは必ず CHECK

肩から腕を真下に下ろしても、わきのテンションはキープ。右ひじが下に向くように少し曲げる

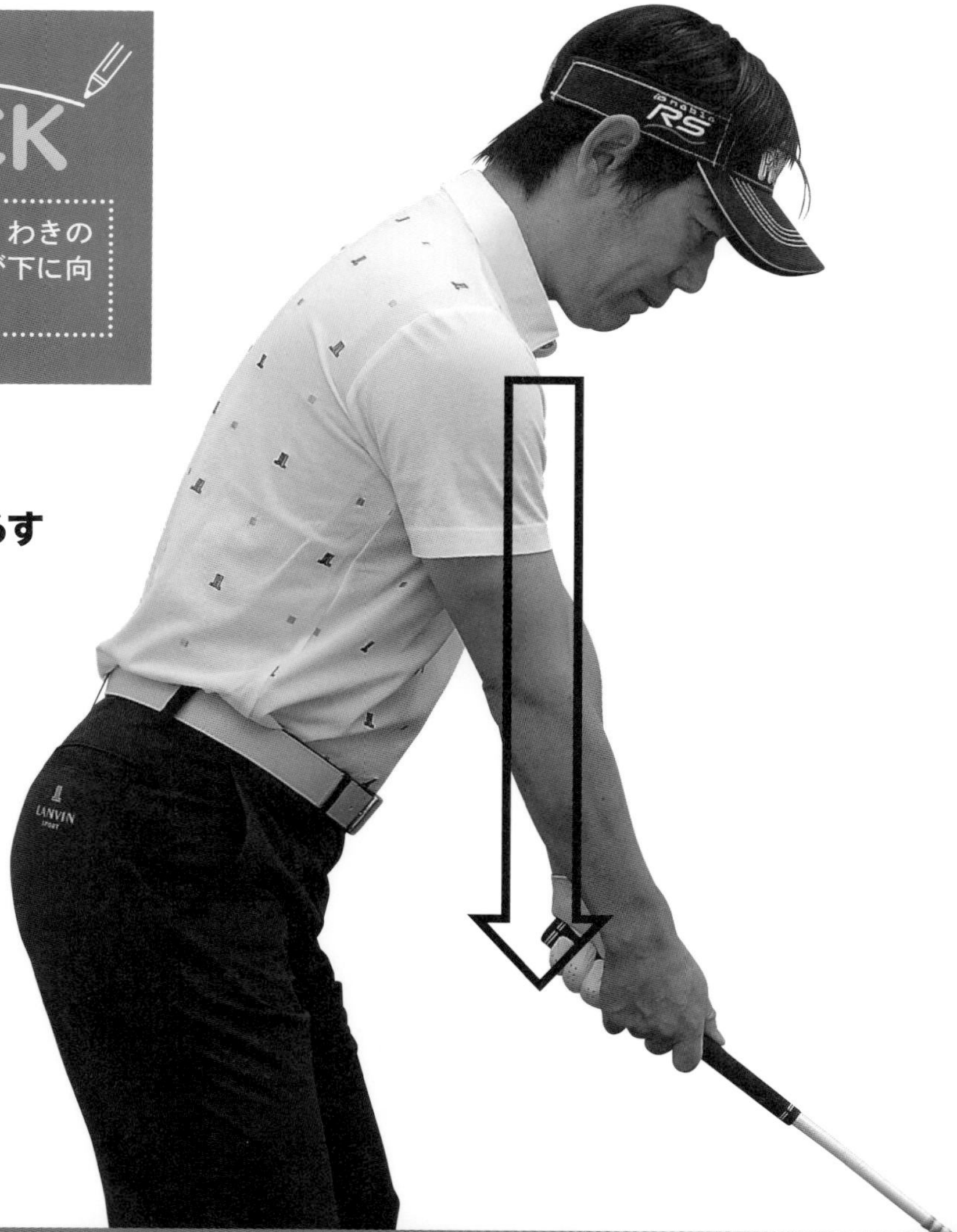

Swing Bible
アドレス

重心位置は「かなり前」

拇指丘と肩が一直線上に重なる

アドレスにおいて非常に狂いやすく、かつスイングに大きな影響を及ぼすのが前後のバランスです。

アドレスを後方から見たときに、重心位置は拇指丘のライン上になりますが、これは拇指丘に体重をかけて立つというわけではなく、足の裏全体でバランスよく立っていいアドレスを作ると、重心が拇指丘くらいの位置にくるという意味です。

このアドレスを後方から写真を撮って見てみると、**拇指丘と肩の付け根が一直線上に並んだ状態になっています。**

アマチュアゴルファーの多くは、重心がかかと寄りになっているので、そういう人にとっては「かなり前」だと感じるポジションだと思います。

これは、ふくらはぎやハムストリング（太ももの裏側の筋肉）にテンションがかかり、体の後ろ側で腕やクラブを吊り下げているような状態。太ももの前側にテンションがかかるのは、後ろ（かかと）重心になっているからです。

骨盤を前傾できずにお尻が下がると重心がかかと寄りになり（左）、ボールから遠すぎるのも重心が前すぎてやはりバランスが悪い（右）

拇指丘のライン上に重心がある感じ

重心位置は拇指丘のライン上。拇指丘1点に荷重するのではなく、足の裏全体で立ちながらも、前後の位置的には拇指丘付近に重心がある

この状態が作れれば、自然と重心が拇指丘の真上にくる。アマチュアにはひざを曲げすぎているケースが多いので注意

ここだけは必ず CHECK

細心の注意を払う ボールと体の距離はクラブのライ角と長さで決まる

ボールと体の距離は、基本的にはクラブの長さとライ角によって決まります。

クラブのライ角がフラットで、長くなるほどボールと体の距離は離れ、ライ角がアップライトで短くなるほど近づくわけです。

ウェッジ

前傾が深くボールに近い

正しくフィッティングされているクラブを使っていることを前提とすれば、ボールとの距離も前傾角も、「クラブなり」に構えるのが理想です。**クラブのライ角、つまり後方から見たシャフトの角度に対して、上体はほぼ直角になります**（イラスト参照）。

ボールと体の距離は、非常にデリケートでズレやすく、スイングへの影響も大きいので、アドレスの際はとくに注意が必要です。

「クラブなり」と考えるのであれば、クラブを地面に対してライ角なりにセットし、それに対して正しい位置を決めてからスタンスを作ることが大事。セットアップには細心の注意を払ってください。

自分の感覚でボールとの距離を決めない

クラブの長さとライ角でボールとの距離は決まり、体格との関係で前傾角が決まる

ここだけは必ず CHECK

ドライバー

前傾が浅くボールから遠い

Swing Bible
アドレス

フェーススクエアが基本

肩や腰がスクエアになるように構えよう

アドレスにおいて非常に悩ましく、かつ重要な問題が「方向」です。

よく「目標にスクエアに立て」といわれますが、プロゴルファーにもクローズスタンスで構えるプレーヤーやオープンに立つプレーヤーがいます。

しかし、そういったズレや個性はあくまで応用。基本的には、**肩、腰、ひざ、目線などの各ポジションを、すべて目標とボールを結んだラインと平行にセットする意識を持ってください。**

全部がむずかしければ、最初は自分の体のどこか1カ所、肩のラインや腰のラインなど、スイング軌道を左右する体幹に近い部位に集中してスクエアを保つようにしてもいいかもしれません。そして、そこを基準にスクエアな部分を増やしていきましょう。

絶対的にスクエアであるべきなのはクラブのフェース面です。これも、打ちたい球筋などに合わせてアレンジするために、開いたりかぶせたりすることもありますが、それとてスクエアあってのこと。基本はあくまでスクエアであることが大事です。

ミスショットの原因の8割は、アドレスの間違いにあるといわれます。体が目標に対して正しく向いていないこともミスの原因ですが、気づかないうちにアドレスの姿勢のバランスが崩れているためにミスが発生することもよくあります。ミスショットが止まらないからと、即スイングに手をつけるのは百害あって一利なし。かえって問題をこじらせることになります。

プロゴルファーはそれがよくわかっているから、ミスしたときはアドレスを真っ先にチェックします。

アドレスをちょっとだけ修正してあげれば簡単に直るのに、肩をもっと回そうとしたり、クラブを上げる方向を変えたりしては、体の動きが余計にチグハグになるばかりです。

アドレスの姿勢のバランスがよくならない限り、体の動きがよくなるはずがありません。ミスショットが頻繁に出るときは、スイングの前に、まずアドレスを疑うべきです。

ここだけは必ず CHECK

つま先ばかり見てはダメ
目線、肩、腰、ひざ、フェースをスクエアにする

アドレスは狂いやすい 毎ショット極力ていねいに、かつスピーディに構えよう

Column 3

ショットの度に正しい構えを再現しなければならない点もアドレスのむずかしさ。ラウンドでは傾斜があったり風が吹いたり、景色の圧迫感があったりと、外部の影響を受けますし、ショットの傾向も日によって違います。同じようにアドレスしているつもりでも、少しずつズレが生じ、気づかないうちに向きが狂ったり構えが歪んだりしてしまうのです。

そういったズレを極力排除すべく、１ショット１ショットていねいに構えることが非常に重要です。プロゴルファーは、みなさんが考えている以上に、ていねいにアドレスします。プロでも正確にアドレスすることはむずかしいのです。

練習の段階から、毎ショットできるだけていねいに、かつリズミカルにセットアップする習慣をつけてください。そうすることで正確性、再現性が増しズレが少なくなっていきます。

正しい形を再現するためには、１球ごとにていねいにアドレスすることが大事

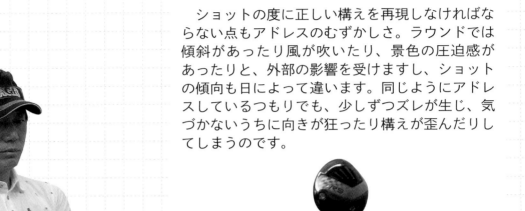

第4章

CHAPTER 4

スイングは「こうする」ではなく「こうなる」が正解

自分に合ったグリップでグラブを握り、骨格を意識したアドレスができればスイングの準備は完了。その先の問題は、せっかく整えたお膳立てをオジャンにする余計な動きによって起こります。これをなくすには「こうする」ではなく「こうなる」という視点でスイングを見ること。

新たな何かをやるのではなく、いまある無駄を省くことです。

Swing Bible ドリル

体幹で振る

腕の振りよりも体幹の動きに主眼を置いた練習が大切

「バックスイングでのクラブの上げ方」「この方向に手を振り上げる」「インパクトで手を返す」など、腕や手の動きを中心にスイング論では、ゴルフのに語られることが多いようです。

ゴルフスイングにおいては「肩を回しなさい」と教えられることが多い反面、クラブを腕や手で振る以上、どうしても腕や手の動きに主眼が置かれがちです。

しかし、「腕を振る」とか、「クラブをこの方向に上げる」と考えれば考えるほど、体の回転がおろそかになりがちです。

それに手首の関節がいろいろな方向に動きやすいうえに、間違った方向に

インパクト地点で
胸の向きが元に戻る
フィニッシュは
胸が目標の方向
を指す

動かしても、自分のミスに気づきにくいのが厄介な点です。

手だけでクラブを担ぎ上げてオーバースイングになったり、手を速く振ることばかり考えてインパクトで両手が先行してクラブが遅れて下りたりするのが、その典型的な例といえます。

つまり、**腕や手を使いすぎると動きが複雑になり、スイングの再現性や反復性が著しく低下しやすい**のです。

そこで写真のような練習「ボディドリル」を繰り返して、体の回転と腕の振りの同調感をマスターしてください。

まず両足を肩幅くらいに広げて直立の姿勢になり、両腕を胸の前で組みます。前傾姿勢を作ったら、バックスイングで胸を右に回し、ダウンスイング以降は胸が目標を指すまで体をターンします。

腕や手に目がいくと、どうしても動きのイメージが複雑になりますから、腕と手は体の回転に同調すると考え、体の回転に焦点を絞ってスイングを考えましょう。

「ボディドリル」で体の回転をマスター

両腕を胸の前で組み
上体を前傾させる
胸を右に回して
バックスイング

たとえば体を太い筒とイメージする。胴体は腕や手と違って鈍感な部分ですから、胴体をアドレスした位置のままで左右に回そうと思えば自然とシンプルな動きになります。

Swing Bible
体の回転

腕は体幹に連動

体幹部の捻りに連動して肩と腰が自動的に回転する

肩や腰は自分で回す部分ではなく、体幹部のねじれに連動して回転するもの

スイングは「腕と体の同調」ですから腕や手は体と一緒に動きます。ボディスイングでもアームスイングでもなく、両方のバランスが何よりも大切です。

「体の回転」というと、肩を一生懸命に回すことと解釈しがちです。

ところが、肩を回そうとしても十分に回らない人や、肩と腰を一緒に回そうとして両足や両ひざが過度に動き、下半身のバランスを崩している人がとても多いです。

腕と体の同調や、両方のバランスを整えるには、肩や腰を積極的に回すよりも、体幹部の捻りを意識することです。

前項のボディドリルでは、胸を左右に回すといいましたが、肩の回転とは考えず、腹筋や背筋など「体幹部」を回すと考えてください。体幹部を回すときは、腰から下はあまり動かさないようにしましょう。

両ひざの高さや位置は、アドレスとほとんど変わらない範囲内で自然に動くのであればOKです。**両足をなるべく動かさないよう、我慢させておいて上体を回すことで、体幹をねじるイメージが明確になります。**

バックスイングでは体幹を右にねじり、結果的に腰が45度、肩が90度くらい回るというのが正しい解釈ですが、体の柔軟性には個人差がありますから、回せる範囲で構いません。腰45度、肩90度はあくまでも目安で一応の目標と考えてください。

体幹部がスイングの動力となる

バックスイングで体幹を右にねじり、ダウンスイング以降では体幹のねじりをほどくだけでいい

体幹部に太い筒を
イメージして
そこをねじる

ここだけは必ず CHECK

体をスムーズに回転する感じをつかんだら、体の回転と腕の振りを同調させる練習をして、体の回転によって腕が自然に振られる感覚をつかむ

Swing Bible 体の回転

体と腕の同調

両わきを締めて体の回転に腕の振りを同調させる

胸を右に回せば腕や手が連動する
体の回転によって腕が振られる

体がスムーズに回転する感覚をつかめたら、体の回転に腕の振りを同調させてみましょう。

下の写真のように前傾姿勢を作ったら両腕を自然に下げます。両ひじは真下に向けておき、両わきを軽く締めておきましょう。

次に、両腕を胸の前で組んで体を左右に回転した練習と同じ要領で胸を右に回し、フィニッシュの位置で胸が目標を指すまで回転します。

この場合も**腕や手のことは考えず、体を回すことに焦点を絞ります。**両わきを軽く締めたままで体を回せば、腕や手が連動する感覚をマスターしてください。

腕や手は自分の意図で動かすのではなく、体の回転に連動させるのがスイングをシンプルにするポイントです。

両わきを締めたままで体を回す

前傾姿勢を作り、
両腕を自然に下げる

両わきを締める
両わきを
締めたまま胸を
右に回す

構えたときの目線をできるだけ動かさない感覚が大切

Swing Bible 目線

目線がポイント

アドレス時の目線をキープすることを心がける

スイングから無駄な動きを取り除くには、体幹部の軸回転をしっかりマスターしなければなりません。そもそも軸回転できていないことが腕や手の悪さを招き、スイング軌道に大きな誤差をもたらすからです。

そこで提案です。**正しい軸回転をマスターするために、構えたときの目線をスイング中も変えないことを心がけてみてください。**

できれば鏡の前で行ってほしいのですが、直立の姿勢になり、クラブを両手で水平に持ちます。そして真正面の鏡に映っている自分の両眼をしっかりと見つめましょう。次にアドレス時の前傾姿勢をとり、スイングするイメージで動きます。

このときの目線をできるだけキープし、体幹を右にねじって肩と両腕、クラブを一緒に動かします。

頭が右に動いたり、首が傾いたりしてはいけません。両ひざが大きく動いたり、両足がバタバタしてもダメです。目線は少しくらい動いても構いませんが、**頭のてっぺんは絶対に動かさないようにしましょう。**

簡単そうに見えますが、スイング中に無駄な動きをする人は意外とできません。

この練習を繰り返すことで体の柔軟性が向上し、スイングの基本動作がスムーズにできるようになります。

前傾姿勢を作り、目線をキープする練習

直立の姿勢で目線をキープする感覚をつかんだら、アドレスと同じ前傾姿勢を作り、同じ要領で体幹をねじる

両ひざをできるだけ動かさず、目線を保ったままで胸が目標を向くまで体を回そう。ストレッチ効果も高い練習法だ

Swing Bible
前傾角度

前傾角度のキープ

前傾角度が変わってしまうのは体のどこかがゆるむから

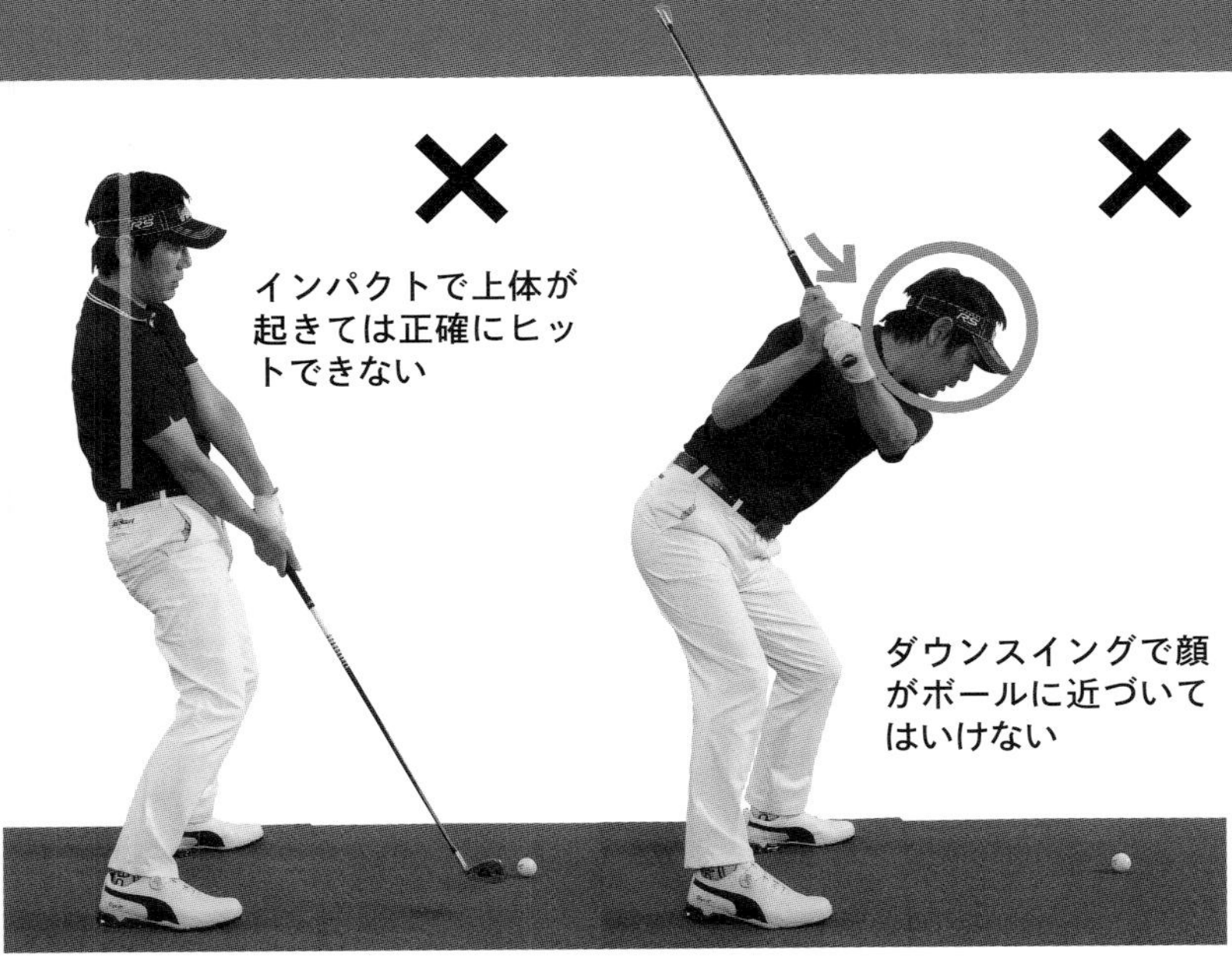
×
インパクトで上体が起きては正確にヒットできない
×
ダウンスイングで顔がボールに近づいてはいけない

前傾姿勢を作ると直立姿勢以上にきつさを感じると思いますが、お腹に力を溜め、アドレスの前傾角度が変わらないように体を左右に回しましょう。

前傾角度を保つには、重心がつま先側やかかと側に片寄ってはいけません。つま先体重になると上体が前のめりになりやすく、かかと体重では上体が起きてしまうからです。

ポイントは、**土踏まずから拇指丘にかけての部分に重心を意識すること。**下半身に安定感が生まれて前傾角度を保ちやすくなり、インパクトの再現性が向上、ミート率が劇的にアップします。

一般のアベレージゴルファーに顕著に見られる傾向として、ボールをよく見ようとしてインパクトで顔をボールに近づけてしまう動きがありますが、これも前傾角度が崩れてしまう原因になります。

前項でお話しした目線をキープするということは、構えたときの両眼をなるべく左右に動かさないと同時に、ボールとの距離を変えないことでもあります。前傾角度を変えないようにするということにおいては、ボールとの距離をキープすることのほうがより重要といえるでしょう。

真正面の鏡を見たままで目線を変えない練習をするときも、途中であごが前に出ないように、あごを引いた姿勢で体を左右に回しましょう。

簡単そうで、案外むずかしく感じられますが、**アドレスの前傾角度をキープして体を左右に回せるようになれば、スイングの半分以上は完成したのも同然です。**この動作がスイングの核であり、木にたとえれば幹の部分です。幹さえ正しく動いていれば、枝葉の腕や手の動きはそんなに狂わないのです。

構えたときの前傾角度を変えない

重心を土踏まずから拇指丘にかけての部分に乗せてバックスイング
フォロースルーまで前傾角度が保たれればスイングの軌道が安定し、ミート率が上がる
前傾角度が変わらないようにバックスイング＆ダウンスイングする

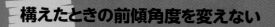

Swing Bible ドリル

ひじの向き

両ひじを下に向けたまま振るのがスイングの基本形

スイングの原理原則が何かを知るには、腰くらいの高さの振り幅でクラブを振る練習を繰り返すのが効果的です。

アドレスの姿勢から上体を真っすぐ起こし、クラブを体の真正面で持ちましょう。両腕は自然に伸ばし、両ひじを下に向けておきます。そして、両ひざをなるべく真正面に向けた状態のまま胸を右に回します。体幹部の捻りを意識して、上体と下半身をねじるように体を回転させるのです。

ダウンスイング以降は、胸が目標を指すまで体幹部を左に捻りながら体をフルターンします。

腰くらいの高さの振り幅でも、体の回転量はフルスイングとほぼ同じです。

両ひじを下に向けたままで体を回転すれば、インパクトでフェース面がニュートラルの位置に戻る

胸が目標を指すまで体を回転し、クラブを左腰くらいの高さまで振り抜こう

いわゆるハーフスイングですが、これはアプローチのスイングの基本形であり、ゴルフスイングの原点でもあります。ハーフスイングから手首のコッキングを加えて、クラブを縦方向に上げていき、トップやフィニッシュのポジションを作るのがフルスイングというわけですが、**スイングの基本動作を覚えるにはハーフスイングの反復練習が最適**なのです。

この練習のポイントは、**両ひじを下に向けたままで体を左右に回転すること**です。アドレスの両ひじの間隔をキープし、スイング中に両腕をねじらないようにしましょう。自分から見ればクラブのリーディングエッジがずっと垂直に見えるように体を回す。両ひじを真下に向けたまま体を回転していれば、姿勢が崩れることがないはずです。

プロたちが日頃からハーフショットの練習を多めに取り入れたり、調子がおかしくなるとハーフスイングの基礎練習に戻ってチェックするのは、その大切さを知っているからなのです。

ハーフスイングの振り幅で基本の動きを知る

アドレスから上体を起こす。両ひじを真下に向けておく

両ひじの間隔や高さを変えずに胸を右に回して、クラブを右腰くらいの高さまで上げる

Swing Bible ドリル

腕とクラブ スイング中、腕とクラブは体の真正面にキープされる

両ひじを下に向けたままクラブを腰くらいの高さで振る練習でスイングの基本動作をマスターしたら、上体を前傾させてアドレスの姿勢を作り、同じ要領で体を左右に回転しましょう。

上体を前傾させても両ひじは下向き。両ひじの間隔が変わったり、両腕をねじったりしないように注意してクラブを腰の高さで振ってください。

腕や手が何もしなければ、胸を右や左に回した場合でも、アドレス時と同様に両手とクラブが体の真正面に保たれているはずです。クラブを右腰の高さまで上げたときのフォームを飛球線の後方側から見ると、両腕と両手、クラブが体の正面にあることがよくわかります（左ページ上参照）。

このポジションで右腕が高くなったり、逆に左腕が高くなったりするのは、両腕を捻りながら腕を上げている証拠です。左右どちらかのひじが浮き上がると両腕や両手、クラブが体の真正面から外れてしまい、フェースの面も上を向いたり下を向いたりすることになるのです。

クラブを左腰の高さまで振り抜いたポジションも同様です。**両ひじを真下に向けたままで体を左に回せば、飛球線の前方から見たときに両腕、両手、クラブが体の真正面に保たれます**（左ページ下参照）。ここでもアドレスと同じようにリーディングエッジがほぼ垂直の角度に見えれば、正しいフォームが作れたといえます。

腕や手を使いすぎないようにクラブを振るアプローチの練習を多く積み、スイングの基本形を覚え込めば、フルスイングの動きもシンプルになります。

タイガー・ウッズのスイングを初めて見たときも衝撃的でしたが、世界の超一流プレーヤーたちのスイングを見ると、「こんなにシンプルな動きでクラブを振っているのか！」といつも驚かされます。腕や手の無駄な動きを極限まで削ぎ落とし、体の動きの単純化でスイングの反復性や再現性を高めている。動きがシンプルであればミスも出にくくなるのです。

前傾姿勢を作って腰くらいの高さで振る

通常と同じアドレスを作る。両ひじを両腰骨に向けておくこと

胸を右に回す。右腰の高さで腕とクラブが体の真正面にある

両ひじの向きをキープして体を左にターン。インパクトでフェースがスクエアに戻ればＯＫ

胸を目標に向けたポジションでも、腕とクラブは体の真正面から外れない

Swing Bible
正しい軌道

クラブの正しい軌道

右ひじがクラブを正しい軌道に乗せる決め手となる

右腰の高さからトップのポジションへとクラブを導くには、右ひじを下に向けた状態で右ひじをたたみましょう。

右ひじを支点にするイメージで、トップで右手のひらが斜め上を向くように、右ひじから先の前腕部を自分から見て右方向に回旋させるのです。

バックスイングで右ひじが浮き上がるとクラブが立ち、アウトサイドに上がります。トップでも右ひじが高いフライングエルボーとなり、オーバースイングやクラブヘッドが目標も右を向くクロストップなどを誘発、ダウンスイングでも正しい軌道で振り下ろせません。

また、バックスイングで右ひじを手前に引きすぎたり、右腕を急激に右にひねったりするとクラブがインサイド方向に低く上がります。そのままトップに進めば、クラブヘッドが目標よりも左を向いたレイドオフとなりますが、大抵はバックスイングの途中で上体が起きて、右ひじも急激に浮いてフライングエルボーになるのがオチです。

アドレスの際のシャフトの傾きを大きな面として想定したものをシャフトプレーンと呼びますが、右腰の高さから、右ひじを支点にするイメージで右の前腕部を旋回させることでクラブヘッドがシャフトプレーン上を動き続けます。

バックスイングの途中からは右ひじをたたみながらクラブをトップへと導いてあげるだけでいいのです。

バックスイング中は右ひじを下に向けておく。右ひじを下に向けたまま、途中から右ひじをたたんでクラブをトップの位置へと導く

ここだけは必ず CHECK

右ひじの向きを変えずに右前腕部を右に回旋

右手のひらが斜め上を向き、その角度に沿ってクラブを上げていくイメージ。これでクラブがシャフトプレーンに乗りやすくなる

右ひじを下に向けたまま、右ひじから先を自分から見て右側に回す

×

右ひじを低い位置に引いて右手が下がると、クラブがインサイドに低く上がることになる

×

バックスイングで右ひじが浮くとクラブが立ち、アウトサイド方向に上がってしまう

Swing Bible
バックスイング

バックスイングのポイント

バックスイングでは右脚に壁を意識しよう

×

バックスイングで右にスウェーすると、ダウンスイングでクラブが正しい軌道で下りてこない

スイングに欠かせない基本の動きを忠実に実行するために、世界の超一流プレーヤーが何を心がけているかというと、**両足をできるだけバタバタさせないことです。**タイガー・ウッズにしてもジェイソン・デイにしても下半身全体の動きは大人しい印象。それに比べると大半のアベレージゴルファーは下半身が暴れています。

すなわち、バックスイングで両ひざや腰が左右に動く、ダウンスイングで右ひざが前に出る、インパクトで左足がめくれて腰が引けてしまう、などといった症状があります。足腰が無駄に動くために、スイング中に体幹部の位置がズレたり、前傾角度が大きく変わったりしてしまうのです。

下半身の無駄な動きを抑える第一歩は、**バックスイングで右ひざや腰が右に流れないように、右脚に壁をイメージすることです。**

右ひざをアドレス同様、真正面に向けたままで胸を右に回転しましょう。体が硬い人はバックスイングで体の捻転に引っ張られるように、左かかとを少し浮かせても構いませんが、左ひざが右に動きすぎないようにしましょう。

右脚の動きを小さく抑えれば、体幹部を構えた位置のままで捻ることができ、バックスイングの軌道が安定してトップのポジションが決まりやすくなります。

ここだけは必ず CHECK

右脚に壁があるつもりでバックスイング

バックスイング中は右ひざをアドレスの位置に固定し、上体の捻転をしっかり受け止めよう

バックスイングで右腰が右に流れないように注意。両足や両ひざの動きをできるだけ小さく抑えて、胸を右に回転させる。下半身の無駄な動きを抑えれば体幹部の位置がズレない

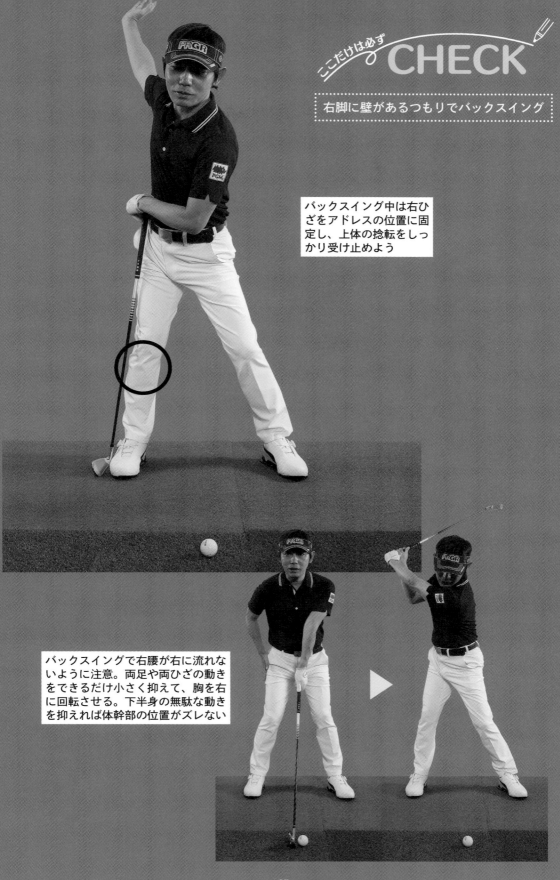

Swing Bible
切り返し

ダウンスイングへの出発点

「スイングの折り返し地点」の安定を目指せ

バックスイングで右ひじが上がってしまう人が多いので注意しよう

クラブが寝た状態でトップへと上げるのもミスショットを誘発する

トップのポジションは、バックスイングの終点であると同時に、ダウンスイングへと向かう出発点でもあります。バックスイングからダウンスイングへの「折り返し地点」というわけで、このポジションが一定にならないと、バックスイングとダウンスイングが異なる軌道を描くことになり、インパクトの打点も不安定になります。

理想的なトップが作れたかどうかの決め手になるのは、右ひじの向きです。アドレスの際の前傾角度が保たれていることを前提にして、トップで右ひじが下を向いていれば、正しいトップが作られたといえます。

アマチュアゴルファーにありがちなのは、バックスイングで足腰が動きすぎてしまう、手先だけでクラブを上げてしまう、右ひじが浮き上がる、上体が起きてクラブが寝てしまう、といった動きなので、これらの間違った症状を起こさないように注意することが必要です。

でも、決してむずかしいことではありません。バックスイング中は基本的に、腕や手には何もさせないことです。

つまり、**右ひじをアドレスと同じように、下に向けたままで体幹部を右に回転すればOK。**そうすればバックスイングの軌道のブレが少なく、トップのポジションも安定してきます。

ここだけは必ず CHECK

切り返しでも右ひじが下を向くのがベスト

右ひじが下を向いていれば、右ひじを支点にするイメージでクラブを理想的な軌道で上げられた証拠となる。トップが安定しない人は、右ひじの向きをチェックしよう

インパクトのイメージ

インパクトは右手のひらでボールを押すイメージ

ボールをつかまえようとして両手を急激に返すとフェースがかぶる

両手が先行し、両手の返しが遅れてはフェースが開いてしまう

インパクトは、右手のひらでボールを打つような感覚。右手のひらでボールを目標方向に押し込んでいきます。

でも、手先の動きに頼ってはいけません。ダウンスイング以降は体幹部を左に回転させ、それに連動して腕や手が勢いよく振られます。体重が左足に移動しつつ、クラブヘッドの重さにまかせて振れば、自然とヘッドスピードが上がるからです。**正しい右手使いをイメージすることで、自然なフェースターンが行われやすくなり、フェースの芯でボールをとらえられる確率も上がるのです。**

左ページ上の写真のように、左手でクラブを持ち、右手のひらを広げてシャフトに当てて、ゆっくり素振りをしてみましょう。体幹部を左に回しながら、右手のひらでボールを目標方向に押し込むイメージでインパクトの形を作り、フォロースルーへと振り抜きます。

インパクトのポジションでフェース面がスクエアとなり、そのまま右手のひらで押していくと、体幹の回転に連動してクラブヘッドがインサイドの方向に振り抜かれて、フェースが自然に閉じてくるはずです。

腕を使うとインパクトでフェースが開いたり、かぶったりしてボールが大きく曲がります。また、ダウンスイング以降で体重が右足に残っても、右手のひらでボールを押すイメージのインパクトが作れないので気をつけてください。

体幹部を左に回転させながら右手で押す

右手のひらをフェース面とイメージ。体幹部を左に回転させつつ、右手のひらでボールを目標方向に押すようにフォロースルーへ。結果的にフェースが閉じていく

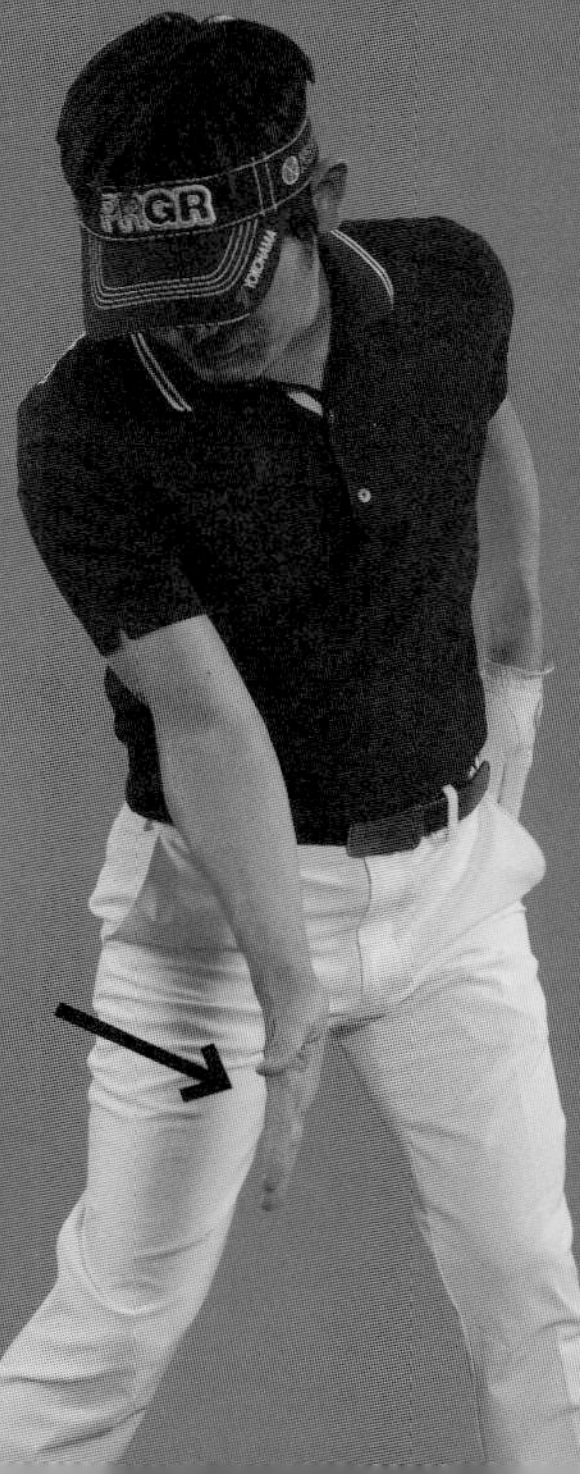

右手のひらでボールを目標方向に押すイメージを持てば、インパクト後にクラブヘッドが加速し、フィニッシュのポジションへと自動的に振り抜かれる

自然なフェースターンを使う中で、インパクトでは右手のひらを構えたときの向きに戻そう

Swing Bible スイングの安定

スイングを安定させる

アドレス、トップ、インパクト、フォロースルーで首の付け根の位置は不変

頭が前後左右に動いてしまうと、フェースの芯に当たらなくなる

ダウンスイングで上体が右に傾くと軸の位置が大きくズレてしまう

肩や腕が力んだり、下半身が動きすぎたりしないように注意

止まっているボールを正確に打つには、体を大きく動かせば動かすほどマイナス。体のバランスが崩れ100パーセント近い確率でフェースの芯に当てることができなくなるからです。

静止しているボールにパワーを効率よく伝達し、かつフェースの芯に当てて狙った方向に飛ばすには、**動かすべき箇所だけ動かし、動いてはいけない箇所はできるだけ止めておくこと**です。

体幹部を、構えた位置のままで左右に回転させ、アドレス時の前傾角度をしっかりキープするには下半身の安定感が絶対不可欠となります。

また、**スイング軸のブレを極力少なくするうえで、スイング中に首の付け根の位置を変えないことに留意する**のもよい方法です。アドレスからトップ、インパクト、フォロースルーに至るまで、首の付け根のポジションが前後左右にズレたり、上下に動いたりしないようにスイングしましょう。フォロースルーで両手が左胸、もしくは左肩の高さに振り抜かれるポジションまで首の付け根の位置が変わらないようにできれば万全といえます。

ボールを見ようとすると、無意識のうちにあごが前に出て背中が丸くなった構えになりやすいので、自分の体を大きく見せるようなつもりであごを引いてアドレスし、首の付け根の位置が変わらないようにしましょう。

ここだけは必ず CHECK

首の付け根の位置が変わらないようにスイング

ボールを見ようとするよりも首の付け根のキープが肝心。アドレスからフォロースルーに至るまで、首の付け根の位置をキープする意識を持てば、体の無駄な動きを抑制できる

Swing Bible
下半身

安定したスイング軌道

下半身を我慢することで正しいスイング軌道が作れる

×
体の右サイドが前に出ると、右ひざが前に出て軌道のブレを引き起こしてしまう

ハーフウエイダウン（ダウンスイングでクラブが右腰の高さにくるあたり）でクラブをシャフトプレーンに乗せるには、右ひじをトップから真下に落とすイメージが有効です。

ただし、下半身まで脱力してルーズになってはいけません。両ひざが前後左右に流れたり、両足がバタバタしたりして、体幹部の軸回転が大きく歪んでしまうからです。その結果、腰や肩の回転もスムーズに運ばず、トップから右ひじを重力にまかせて下ろすのがむずかしくなってしまうのです。

腰を素早く回そうとするのも逆効果です。多くの場合、右ひざが前に出て右肩が突っ込み、クラブを正しい軌道で振り下ろせなくなるからです。

ということで、**ハーフウエイダウンのポジションを安定させるには、下半身の我慢が絶対に欠かせません。**

それには、インパクトまで体の右サイドが前に出ないように、右足を斜め右下のほうに踏み込むイメージを持ちましょう。

それでも右サイドが前に出てきてしまう人は、右腰を回さないくらいの気持ちでもいい。こうするとハーフウエイダウンで両ひざのラインが飛球線に対して平行となり、シャフトプレーンに沿って振り下ろせます。

ここだけは必ずCHECK

ハーフウエイダウンで右かかとの浮き上がりを我慢

右かかとの浮き上がりを我慢すれば、ハーフウエイダウンのポジションの形が安定する。インパクトまで右足が前に出ないように注意する

内藤 雄士（ないとう　ゆうじ）

◆プロフィール
ゴルフコーチ・ゴルフアナリスト

1969年生まれ。日本大学ゴルフ部在籍中にアメリカにゴルフ留学し、最新ゴルフ理論を学ぶ。帰国後、ゴルフ練習場ハイランドセンター（杉並区・高井戸）にラーニングゴルフクラブ（LGC）を設立し、レッスン活動を始める。1998年、ツアープロコーチとしての活動を開始。2001年には、マスターズ、全米オープン、全米プロのメジャー大会の舞台を日本人初のツアープロコーチという立場で経験する。丸山茂樹プロのツアー3勝をはじめ、契約プロゴルファーの多数のツアー優勝をサポートしてきた。
現在は様々なゴルフ媒体への出演や、一般財団法人丸山茂樹ジュニアファンデーションで理事を務めるなどジュニアゴルファーの育成にも力を入れている。また、PGAツアーを中心に、ゴルフアナリストとしても活動している。株式会社ハイランドセンター代表取締役、東京ゴルフ専門学校理事長。著書多数。
X（旧Twitter）は@NYSG918、インスタグラムは@naitoyuji_official

※本書は『ゴルフ スイングバイブル』『ゴルフ 現代スイングの結論』の
　内容を再編集したものです。

内藤雄士《ないとうゆうじ》の本当《ほんとう》に大事《だいじ》なゴルフの基本《きほん》　SWING編《へん》

2024年2月18日　初版印刷
2024年2月28日　初版発行

著　者……内藤雄士

発行者……小野寺優

発行所……株式会社河出書房新社
〒151-0051　東京都渋谷区千駄ヶ谷2-32-2
電話03-3404-1201（営業）03-3404-8611（編集）
https://www.kawade.co.jp/

撮影……富士渓和春、井出秀人、圓岡紀夫
イラスト……鈴木真紀夫
協力……岸 和也、鈴木康介、三代 崇、ハイランドセンター、One For One Management
ブックデザイン・組版……原沢もも
編集……菊池企画
企画プロデュース……菊池 真

印刷・製本……三松堂株式会社

Printed in Japan　ISBN978-4-309-29378-3